CHARACTER
Development
JOURNAL

Everything you need to create characters your readers will love!

JOURNALS FOR AUTHORS

SWEET HARMONY PRESS

Name/Nicknames		Age/Birthday	Race
Height/Weight	Gender/Sexuality	Eyes	Hair color
Parents		Place of Birth	Species
Siblings		Class/Status	Education
Where they have lived		Schools Attended	
Clothes/Glasses/Scars		Spiritual Beliefs	
Occupation		Awards/Accomplishments	
Strongest personality characteristics		Favorite activities/Hobbies	
People they love		People they hate	
People they admire		Pets	Hobbies
Problems		Dreams and Ambitions	

Important role in the story			

Past experiences that shaped who they are			

Character Arc		**Notes**	

o	Accountable	o	Diplomatic	o	Innovative	o	Quarrelsome
o	Adaptable	o	Disciplined	o	Intelligent	o	Reliable
o	Adventurous	o	Discreet	o	Intentional	o	Resourceful
o	Affable	o	Dishonest	o	Interested	o	Responsible
o	Alert	o	Dutiful	o	Intimate	o	Rude
o	Ambitious	o	Easygoing	o	Joyful	o	Sarcastic
o	Appropriate	o	Efficient	o	Keen	o	Self-centered
o	Arrogant	o	Empathetic	o	Knowledgeable	o	Self-confident
o	Assertive	o	Encouraging	o	Lazy	o	Self-reliant
o	Astute	o	Energetic	o	Listener	o	Sense of Humor
o	Attentive	o	Enthusiastic	o	Lively	o	Sensual
o	Authentic	o	Ethical	o	Logical	o	Serves Others
o	Boorish	o	Expressive	o	Loving	o	Sincere
o	Bossy	o	Exuberant	o	Loyal	o	Skillful
o	Bravery	o	Facilitates	o	Malicious	o	Slovenly
o	Calm	o	Fair	o	Meticulous	o	Sneaky
o	Candid	o	Fairness	o	Networker	o	Spiritual
o	Capable	o	Faithful	o	Nurturing	o	Spontaneous
o	Charismatic	o	Fearless	o	Obnoxious	o	Stable
o	Charming	o	Finicky	o	Observant	o	Stingy
o	Collaborative	o	Flexible	o	Open-Minded	o	Strong
o	Committed	o	Friendly	o	Optimistic	o	Successful
o	Communicator	o	Generative	o	Organized	o	Sullen
o	Compassionate	o	Generosity	o	Patient	o	Supportive
o	Conceited	o	Gratitude	o	Peaceful	o	Surly
o	Confident	o	Gregarious	o	Persistent	o	Tactful
o	Connected	o	Happy	o	Picky	o	Thoughtless
o	Conscientious	o	Hard-Working	o	Planner	o	Trusting
o	Considerate	o	Helpful	o	Playful	o	Trusting
o	Consistent	o	Honest	o	Poised	o	Trustworthy
o	Cooperative	o	Honorable	o	Polite	o	Truthful
o	Courageous	o	Humble	o	Pompous	o	Unfriendly
o	Cowardly	o	Humorous	o	Powerful	o	Unruly
o	Creative	o	Imaginative	o	Pragmatic	o	Versatile
o	Cultured	o	Immaculate	o	Precise	o	Vibrant
o	Curious	o	Impartial	o	Proactive	o	Vulgar
o	Dedicated	o	Impulsive	o	Problem-Solver	o	Warm
o	Dependable	o	Independent	o	Productive	o	Wise
o	Determined	o	Inquiring	o	Punctual	o	Zealous

Name/Nicknames		Age/Birthday	Race
Height/Weight	Gender/Sexuality	Eyes	Hair color
Parents		Place of Birth	Species
Siblings		Class/Status	Education
Where they have lived		Schools Attended	
Clothes/Glasses/Scars		Spiritual Beliefs	
Occupation		Awards/Accomplishments	
Strongest personality characteristics		Favorite activities/Hobbies	
People they love		People they hate	
People they admire		Pets	Hobbies
Problems		Dreams and Ambitions	

Important role in the story			
Past experiences that shaped who they are			

Character Arc		Notes	

o Accountable	o Diplomatic	o Innovative	o Quarrelsome
o Adaptable	o Disciplined	o Intelligent	o Reliable
o Adventurous	o Discreet	o Intentional	o Resourceful
o Affable	o Dishonest	o Interested	o Responsible
o Alert	o Dutiful	o Intimate	o Rude
o Ambitious	o Easygoing	o Joyful	o Sarcastic
o Appropriate	o Efficient	o Keen	o Self-centered
o Arrogant	o Empathetic	o Knowledgeable	o Self-confident
o Assertive	o Encouraging	o Lazy	o Self-reliant
o Astute	o Energetic	o Listener	o Sense of Humor
o Attentive	o Enthusiastic	o Lively	o Sensual
o Authentic	o Ethical	o Logical	o Serves Others
o Boorish	o Expressive	o Loving	o Sincere
o Bossy	o Exuberant	o Loyal	o Skillful
o Bravery	o Facilitates	o Malicious	o Slovenly
o Calm	o Fair	o Meticulous	o Sneaky
o Candid	o Fairness	o Networker	o Spiritual
o Capable	o Faithful	o Nurturing	o Spontaneous
o Charismatic	o Fearless	o Obnoxious	o Stable
o Charming	o Finicky	o Observant	o Stingy
o Collaborative	o Flexible	o Open-Minded	o Strong
o Committed	o Friendly	o Optimistic	o Successful
o Communicator	o Generative	o Organized	o Sullen
o Compassionate	o Generosity	o Patient	o Supportive
o Conceited	o Gratitude	o Peaceful	o Surly
o Confident	o Gregarious	o Persistent	o Tactful
o Connected	o Happy	o Picky	o Thoughtless
o Conscientious	o Hard-Working	o Planner	o Trusting
o Considerate	o Helpful	o Playful	o Trusting
o Consistent	o Honest	o Poised	o Trustworthy
o Cooperative	o Honorable	o Polite	o Truthful
o Courageous	o Humble	o Pompous	o Unfriendly
o Cowardly	o Humorous	o Powerful	o Unruly
o Creative	o Imaginative	o Pragmatic	o Versatile
o Cultured	o Immaculate	o Precise	o Vibrant
o Curious	o Impartial	o Proactive	o Vulgar
o Dedicated	o Impulsive	o Problem-Solver	o Warm
o Dependable	o Independent	o Productive	o Wise
o Determined	o Inquiring	o Punctual	o Zealous

Name/Nicknames		Age/Birthday	Race
Height/Weight	Gender/Sexuality	Eyes	Hair color
Parents		Place of Birth	Species
Siblings		Class/Status	Education
Where they have lived		Schools Attended	
Clothes/Glasses/Scars		Spiritual Beliefs	
Occupation		Awards/Accomplishments	
Strongest personality characteristics		Favorite activities/Hobbies	
People they love		People they hate	
People they admire		Pets	Hobbies
Problems		Dreams and Ambitions	

Important role in the story			

Past experiences that shaped who they are			

Character Arc		**Notes**	

o	Accountable	o	Diplomatic	o	Innovative	o	Quarrelsome
o	Adaptable	o	Disciplined	o	Intelligent	o	Reliable
o	Adventurous	o	Discreet	o	Intentional	o	Resourceful
o	Affable	o	Dishonest	o	Interested	o	Responsible
o	Alert	o	Dutiful	o	Intimate	o	Rude
o	Ambitious	o	Easygoing	o	Joyful	o	Sarcastic
o	Appropriate	o	Efficient	o	Keen	o	Self-centered
o	Arrogant	o	Empathetic	o	Knowledgeable	o	Self-confident
o	Assertive	o	Encouraging	o	Lazy	o	Self-reliant
o	Astute	o	Energetic	o	Listener	o	Sense of Humor
o	Attentive	o	Enthusiastic	o	Lively	o	Sensual
o	Authentic	o	Ethical	o	Logical	o	Serves Others
o	Boorish	o	Expressive	o	Loving	o	Sincere
o	Bossy	o	Exuberant	o	Loyal	o	Skillful
o	Bravery	o	Facilitates	o	Malicious	o	Slovenly
o	Calm	o	Fair	o	Meticulous	o	Sneaky
o	Candid	o	Fairness	o	Networker	o	Spiritual
o	Capable	o	Faithful	o	Nurturing	o	Spontaneous
o	Charismatic	o	Fearless	o	Obnoxious	o	Stable
o	Charming	o	Finicky	o	Observant	o	Stingy
o	Collaborative	o	Flexible	o	Open-Minded	o	Strong
o	Committed	o	Friendly	o	Optimistic	o	Successful
o	Communicator	o	Generative	o	Organized	o	Sullen
o	Compassionate	o	Generosity	o	Patient	o	Supportive
o	Conceited	o	Gratitude	o	Peaceful	o	Surly
o	Confident	o	Gregarious	o	Persistent	o	Tactful
o	Connected	o	Happy	o	Picky	o	Thoughtless
o	Conscientious	o	Hard-Working	o	Planner	o	Trusting
o	Considerate	o	Helpful	o	Playful	o	Trusting
o	Consistent	o	Honest	o	Poised	o	Trustworthy
o	Cooperative	o	Honorable	o	Polite	o	Truthful
o	Courageous	o	Humble	o	Pompous	o	Unfriendly
o	Cowardly	o	Humorous	o	Powerful	o	Unruly
o	Creative	o	Imaginative	o	Pragmatic	o	Versatile
o	Cultured	o	Immaculate	o	Precise	o	Vibrant
o	Curious	o	Impartial	o	Proactive	o	Vulgar
o	Dedicated	o	Impulsive	o	Problem-Solver	o	Warm
o	Dependable	o	Independent	o	Productive	o	Wise
o	Determined	o	Inquiring	o	Punctual	o	Zealous

Name/Nicknames		Age/Birthday	Race
Height/Weight	Gender/Sexuality	Eyes	Hair color
Parents		Place of Birth	Species
Siblings		Class/Status	Education
Where they have lived		Schools Attended	
Clothes/Glasses/Scars		Spiritual Beliefs	
Occupation		Awards/Accomplishments	
Strongest personality characteristics		Favorite activities/Hobbies	
People they love		People they hate	
People they admire		Pets	Hobbies
Problems		Dreams and Ambitions	

Important role in the story			
Past experiences that shaped who they are			
Character Arc		**Notes**	

o	Accountable	o	Diplomatic	o	Innovative	o	Quarrelsome
o	Adaptable	o	Disciplined	o	Intelligent	o	Reliable
o	Adventurous	o	Discreet	o	Intentional	o	Resourceful
o	Affable	o	Dishonest	o	Interested	o	Responsible
o	Alert	o	Dutiful	o	Intimate	o	Rude
o	Ambitious	o	Easygoing	o	Joyful	o	Sarcastic
o	Appropriate	o	Efficient	o	Keen	o	Self-centered
o	Arrogant	o	Empathetic	o	Knowledgeable	o	Self-confident
o	Assertive	o	Encouraging	o	Lazy	o	Self-reliant
o	Astute	o	Energetic	o	Listener	o	Sense of Humor
o	Attentive	o	Enthusiastic	o	Lively	o	Sensual
o	Authentic	o	Ethical	o	Logical	o	Serves Others
o	Boorish	o	Expressive	o	Loving	o	Sincere
o	Bossy	o	Exuberant	o	Loyal	o	Skillful
o	Bravery	o	Facilitates	o	Malicious	o	Slovenly
o	Calm	o	Fair	o	Meticulous	o	Sneaky
o	Candid	o	Fairness	o	Networker	o	Spiritual
o	Capable	o	Faithful	o	Nurturing	o	Spontaneous
o	Charismatic	o	Fearless	o	Obnoxious	o	Stable
o	Charming	o	Finicky	o	Observant	o	Stingy
o	Collaborative	o	Flexible	o	Open-Minded	o	Strong
o	Committed	o	Friendly	o	Optimistic	o	Successful
o	Communicator	o	Generative	o	Organized	o	Sullen
o	Compassionate	o	Generosity	o	Patient	o	Supportive
o	Conceited	o	Gratitude	o	Peaceful	o	Surly
o	Confident	o	Gregarious	o	Persistent	o	Tactful
o	Connected	o	Happy	o	Picky	o	Thoughtless
o	Conscientious	o	Hard-Working	o	Planner	o	Trusting
o	Considerate	o	Helpful	o	Playful	o	Trusting
o	Consistent	o	Honest	o	Poised	o	Trustworthy
o	Cooperative	o	Honorable	o	Polite	o	Truthful
o	Courageous	o	Humble	o	Pompous	o	Unfriendly
o	Cowardly	o	Humorous	o	Powerful	o	Unruly
o	Creative	o	Imaginative	o	Pragmatic	o	Versatile
o	Cultured	o	Immaculate	o	Precise	o	Vibrant
o	Curious	o	Impartial	o	Proactive	o	Vulgar
o	Dedicated	o	Impulsive	o	Problem-Solver	o	Warm
o	Dependable	o	Independent	o	Productive	o	Wise
o	Determined	o	Inquiring	o	Punctual	o	Zealous

Name/Nicknames		Age/Birthday	Race
Height/Weight	Gender/Sexuality	Eyes	Hair color
Parents		Place of Birth	Species
Siblings		Class/Status	Education
Where they have lived		Schools Attended	
Clothes/Glasses/Scars		Spiritual Beliefs	
Occupation		Awards/Accomplishments	
Strongest personality characteristics		Favorite activities/Hobbies	
People they love		People they hate	
People they admire		Pets	Hobbies
Problems		Dreams and Ambitions	

Important role in the story	
Past experiences that shaped who they are	

Character Arc	Notes

o	Accountable	o	Diplomatic	o	Innovative	o	Quarrelsome
o	Adaptable	o	Disciplined	o	Intelligent	o	Reliable
o	Adventurous	o	Discreet	o	Intentional	o	Resourceful
o	Affable	o	Dishonest	o	Interested	o	Responsible
o	Alert	o	Dutiful	o	Intimate	o	Rude
o	Ambitious	o	Easygoing	o	Joyful	o	Sarcastic
o	Appropriate	o	Efficient	o	Keen	o	Self-centered
o	Arrogant	o	Empathetic	o	Knowledgeable	o	Self-confident
o	Assertive	o	Encouraging	o	Lazy	o	Self-reliant
o	Astute	o	Energetic	o	Listener	o	Sense of Humor
o	Attentive	o	Enthusiastic	o	Lively	o	Sensual
o	Authentic	o	Ethical	o	Logical	o	Serves Others
o	Boorish	o	Expressive	o	Loving	o	Sincere
o	Bossy	o	Exuberant	o	Loyal	o	Skillful
o	Bravery	o	Facilitates	o	Malicious	o	Slovenly
o	Calm	o	Fair	o	Meticulous	o	Sneaky
o	Candid	o	Fairness	o	Networker	o	Spiritual
o	Capable	o	Faithful	o	Nurturing	o	Spontaneous
o	Charismatic	o	Fearless	o	Obnoxious	o	Stable
o	Charming	o	Finicky	o	Observant	o	Stingy
o	Collaborative	o	Flexible	o	Open-Minded	o	Strong
o	Committed	o	Friendly	o	Optimistic	o	Successful
o	Communicator	o	Generative	o	Organized	o	Sullen
o	Compassionate	o	Generosity	o	Patient	o	Supportive
o	Conceited	o	Gratitude	o	Peaceful	o	Surly
o	Confident	o	Gregarious	o	Persistent	o	Tactful
o	Connected	o	Happy	o	Picky	o	Thoughtless
o	Conscientious	o	Hard-Working	o	Planner	o	Trusting
o	Considerate	o	Helpful	o	Playful	o	Trusting
o	Consistent	o	Honest	o	Poised	o	Trustworthy
o	Cooperative	o	Honorable	o	Polite	o	Truthful
o	Courageous	o	Humble	o	Pompous	o	Unfriendly
o	Cowardly	o	Humorous	o	Powerful	o	Unruly
o	Creative	o	Imaginative	o	Pragmatic	o	Versatile
o	Cultured	o	Immaculate	o	Precise	o	Vibrant
o	Curious	o	Impartial	o	Proactive	o	Vulgar
o	Dedicated	o	Impulsive	o	Problem-Solver	o	Warm
o	Dependable	o	Independent	o	Productive	o	Wise
o	Determined	o	Inquiring	o	Punctual	o	Zealous

Name/Nicknames		Age/Birthday	Race
Height/Weight	Gender/Sexuality	Eyes	Hair color
Parents		Place of Birth	Species
Siblings		Class/Status	Education
Where they have lived		Schools Attended	
Clothes/Glasses/Scars		Spiritual Beliefs	
Occupation		Awards/Accomplishments	
Strongest personality characteristics		Favorite activities/Hobbies	
People they love		People they hate	
People they admire		Pets	Hobbies
Problems		Dreams and Ambitions	

Important role in the story	
Past experiences that shaped who they are	

Character Arc	*Notes*

○	Accountable	○	Diplomatic	○	Innovative	○	Quarrelsome
○	Adaptable	○	Disciplined	○	Intelligent	○	Reliable
○	Adventurous	○	Discreet	○	Intentional	○	Resourceful
○	Affable	○	Dishonest	○	Interested	○	Responsible
○	Alert	○	Dutiful	○	Intimate	○	Rude
○	Ambitious	○	Easygoing	○	Joyful	○	Sarcastic
○	Appropriate	○	Efficient	○	Keen	○	Self-centered
○	Arrogant	○	Empathetic	○	Knowledgeable	○	Self-confident
○	Assertive	○	Encouraging	○	Lazy	○	Self-reliant
○	Astute	○	Energetic	○	Listener	○	Sense of Humor
○	Attentive	○	Enthusiastic	○	Lively	○	Sensual
○	Authentic	○	Ethical	○	Logical	○	Serves Others
○	Boorish	○	Expressive	○	Loving	○	Sincere
○	Bossy	○	Exuberant	○	Loyal	○	Skillful
○	Bravery	○	Facilitates	○	Malicious	○	Slovenly
○	Calm	○	Fair	○	Meticulous	○	Sneaky
○	Candid	○	Fairness	○	Networker	○	Spiritual
○	Capable	○	Faithful	○	Nurturing	○	Spontaneous
○	Charismatic	○	Fearless	○	Obnoxious	○	Stable
○	Charming	○	Finicky	○	Observant	○	Stingy
○	Collaborative	○	Flexible	○	Open-Minded	○	Strong
○	Committed	○	Friendly	○	Optimistic	○	Successful
○	Communicator	○	Generative	○	Organized	○	Sullen
○	Compassionate	○	Generosity	○	Patient	○	Supportive
○	Conceited	○	Gratitude	○	Peaceful	○	Surly
○	Confident	○	Gregarious	○	Persistent	○	Tactful
○	Connected	○	Happy	○	Picky	○	Thoughtless
○	Conscientious	○	Hard-Working	○	Planner	○	Trusting
○	Considerate	○	Helpful	○	Playful	○	Trusting
○	Consistent	○	Honest	○	Poised	○	Trustworthy
○	Cooperative	○	Honorable	○	Polite	○	Truthful
○	Courageous	○	Humble	○	Pompous	○	Unfriendly
○	Cowardly	○	Humorous	○	Powerful	○	Unruly
○	Creative	○	Imaginative	○	Pragmatic	○	Versatile
○	Cultured	○	Immaculate	○	Precise	○	Vibrant
○	Curious	○	Impartial	○	Proactive	○	Vulgar
○	Dedicated	○	Impulsive	○	Problem-Solver	○	Warm
○	Dependable	○	Independent	○	Productive	○	Wise
○	Determined	○	Inquiring	○	Punctual	○	Zealous

Name/Nicknames		Age/Birthday	Race
Height/Weight	Gender/Sexuality	Eyes	Hair color
Parents		Place of Birth	Species
Siblings		Class/Status	Education
Where they have lived		Schools Attended	
Clothes/Glasses/Scars		Spiritual Beliefs	
Occupation		Awards/Accomplishments	
Strongest personality characteristics		Favorite activities/Hobbies	
People they love		People they hate	
People they admire		Pets	Hobbies
Problems		Dreams and Ambitions	

Important role in the story						
Past experiences that shaped who they are						
Character Arc				**Notes**		

o	Accountable	o	Diplomatic	o	Innovative	o	Quarrelsome
o	Adaptable	o	Disciplined	o	Intelligent	o	Reliable
o	Adventurous	o	Discreet	o	Intentional	o	Resourceful
o	Affable	o	Dishonest	o	Interested	o	Responsible
o	Alert	o	Dutiful	o	Intimate	o	Rude
o	Ambitious	o	Easygoing	o	Joyful	o	Sarcastic
o	Appropriate	o	Efficient	o	Keen	o	Self-centered
o	Arrogant	o	Empathetic	o	Knowledgeable	o	Self-confident
o	Assertive	o	Encouraging	o	Lazy	o	Self-reliant
o	Astute	o	Energetic	o	Listener	o	Sense of Humor
o	Attentive	o	Enthusiastic	o	Lively	o	Sensual
o	Authentic	o	Ethical	o	Logical	o	Serves Others
o	Boorish	o	Expressive	o	Loving	o	Sincere
o	Bossy	o	Exuberant	o	Loyal	o	Skillful
o	Bravery	o	Facilitates	o	Malicious	o	Slovenly
o	Calm	o	Fair	o	Meticulous	o	Sneaky
o	Candid	o	Fairness	o	Networker	o	Spiritual
o	Capable	o	Faithful	o	Nurturing	o	Spontaneous
o	Charismatic	o	Fearless	o	Obnoxious	o	Stable
o	Charming	o	Finicky	o	Observant	o	Stingy
o	Collaborative	o	Flexible	o	Open-Minded	o	Strong
o	Committed	o	Friendly	o	Optimistic	o	Successful
o	Communicator	o	Generative	o	Organized	o	Sullen
o	Compassionate	o	Generosity	o	Patient	o	Supportive
o	Conceited	o	Gratitude	o	Peaceful	o	Surly
o	Confident	o	Gregarious	o	Persistent	o	Tactful
o	Connected	o	Happy	o	Picky	o	Thoughtless
o	Conscientious	o	Hard-Working	o	Planner	o	Trusting
o	Considerate	o	Helpful	o	Playful	o	Trusting
o	Consistent	o	Honest	o	Poised	o	Trustworthy
o	Cooperative	o	Honorable	o	Polite	o	Truthful
o	Courageous	o	Humble	o	Pompous	o	Unfriendly
o	Cowardly	o	Humorous	o	Powerful	o	Unruly
o	Creative	o	Imaginative	o	Pragmatic	o	Versatile
o	Cultured	o	Immaculate	o	Precise	o	Vibrant
o	Curious	o	Impartial	o	Proactive	o	Vulgar
o	Dedicated	o	Impulsive	o	Problem-Solver	o	Warm
o	Dependable	o	Independent	o	Productive	o	Wise
o	Determined	o	Inquiring	o	Punctual	o	Zealous

Name/Nicknames		Age/Birthday	Race
Height/Weight	Gender/Sexuality	Eyes	Hair color
Parents		Place of Birth	Species
Siblings		Class/Status	Education
Where they have lived		Schools Attended	
Clothes/Glasses/Scars		Spiritual Beliefs	
Occupation		Awards/Accomplishments	
Strongest personality characteristics		Favorite activities/Hobbies	
People they love		People they hate	
People they admire		Pets	Hobbies
Problems		Dreams and Ambitions	

Important role in the story	
Past experiences that shaped who they are	

Character Arc	**Notes**

o Accountable	o Diplomatic	o Innovative	o Quarrelsome
o Adaptable	o Disciplined	o Intelligent	o Reliable
o Adventurous	o Discreet	o Intentional	o Resourceful
o Affable	o Dishonest	o Interested	o Responsible
o Alert	o Dutiful	o Intimate	o Rude
o Ambitious	o Easygoing	o Joyful	o Sarcastic
o Appropriate	o Efficient	o Keen	o Self-centered
o Arrogant	o Empathetic	o Knowledgeable	o Self-confident
o Assertive	o Encouraging	o Lazy	o Self-reliant
o Astute	o Energetic	o Listener	o Sense of Humor
o Attentive	o Enthusiastic	o Lively	o Sensual
o Authentic	o Ethical	o Logical	o Serves Others
o Boorish	o Expressive	o Loving	o Sincere
o Bossy	o Exuberant	o Loyal	o Skillful
o Bravery	o Facilitates	o Malicious	o Slovenly
o Calm	o Fair	o Meticulous	o Sneaky
o Candid	o Fairness	o Networker	o Spiritual
o Capable	o Faithful	o Nurturing	o Spontaneous
o Charismatic	o Fearless	o Obnoxious	o Stable
o Charming	o Finicky	o Observant	o Stingy
o Collaborative	o Flexible	o Open-Minded	o Strong
o Committed	o Friendly	o Optimistic	o Successful
o Communicator	o Generative	o Organized	o Sullen
o Compassionate	o Generosity	o Patient	o Supportive
o Conceited	o Gratitude	o Peaceful	o Surly
o Confident	o Gregarious	o Persistent	o Tactful
o Connected	o Happy	o Picky	o Thoughtless
o Conscientious	o Hard-Working	o Planner	o Trusting
o Considerate	o Helpful	o Playful	o Trusting
o Consistent	o Honest	o Poised	o Trustworthy
o Cooperative	o Honorable	o Polite	o Truthful
o Courageous	o Humble	o Pompous	o Unfriendly
o Cowardly	o Humorous	o Powerful	o Unruly
o Creative	o Imaginative	o Pragmatic	o Versatile
o Cultured	o Immaculate	o Precise	o Vibrant
o Curious	o Impartial	o Proactive	o Vulgar
o Dedicated	o Impulsive	o Problem-Solver	o Warm
o Dependable	o Independent	o Productive	o Wise
o Determined	o Inquiring	o Punctual	o Zealous

Name/Nicknames		Age/Birthday	Race
Height/Weight	Gender/Sexuality	Eyes	Hair color
Parents		Place of Birth	Species
Siblings		Class/Status	Education
Where they have lived		Schools Attended	
Clothes/Glasses/Scars		Spiritual Beliefs	
Occupation		Awards/Accomplishments	
Strongest personality characteristics		Favorite activities/Hobbies	
People they love		People they hate	
People they admire		Pets	Hobbies
Problems		Dreams and Ambitions	

Important role in the story			

Past experiences that shaped who they are			

Character Arc		Notes	

o Accountable	o Diplomatic	o Innovative	o Quarrelsome
o Adaptable	o Disciplined	o Intelligent	o Reliable
o Adventurous	o Discreet	o Intentional	o Resourceful
o Affable	o Dishonest	o Interested	o Responsible
o Alert	o Dutiful	o Intimate	o Rude
o Ambitious	o Easygoing	o Joyful	o Sarcastic
o Appropriate	o Efficient	o Keen	o Self-centered
o Arrogant	o Empathetic	o Knowledgeable	o Self-confident
o Assertive	o Encouraging	o Lazy	o Self-reliant
o Astute	o Energetic	o Listener	o Sense of Humor
o Attentive	o Enthusiastic	o Lively	o Sensual
o Authentic	o Ethical	o Logical	o Serves Others
o Boorish	o Expressive	o Loving	o Sincere
o Bossy	o Exuberant	o Loyal	o Skillful
o Bravery	o Facilitates	o Malicious	o Slovenly
o Calm	o Fair	o Meticulous	o Sneaky
o Candid	o Fairness	o Networker	o Spiritual
o Capable	o Faithful	o Nurturing	o Spontaneous
o Charismatic	o Fearless	o Obnoxious	o Stable
o Charming	o Finicky	o Observant	o Stingy
o Collaborative	o Flexible	o Open-Minded	o Strong
o Committed	o Friendly	o Optimistic	o Successful
o Communicator	o Generative	o Organized	o Sullen
o Compassionate	o Generosity	o Patient	o Supportive
o Conceited	o Gratitude	o Peaceful	o Surly
o Confident	o Gregarious	o Persistent	o Tactful
o Connected	o Happy	o Picky	o Thoughtless
o Conscientious	o Hard-Working	o Planner	o Trusting
o Considerate	o Helpful	o Playful	o Trusting
o Consistent	o Honest	o Poised	o Trustworthy
o Cooperative	o Honorable	o Polite	o Truthful
o Courageous	o Humble	o Pompous	o Unfriendly
o Cowardly	o Humorous	o Powerful	o Unruly
o Creative	o Imaginative	o Pragmatic	o Versatile
o Cultured	o Immaculate	o Precise	o Vibrant
o Curious	o Impartial	o Proactive	o Vulgar
o Dedicated	o Impulsive	o Problem-Solver	o Warm
o Dependable	o Independent	o Productive	o Wise
o Determined	o Inquiring	o Punctual	o Zealous

Name/Nicknames		Age/Birthday	Race
Height/Weight	Gender/Sexuality	Eyes	Hair color
Parents		Place of Birth	Species
Siblings		Class/Status	Education
Where they have lived		Schools Attended	
Clothes/Glasses/Scars		Spiritual Beliefs	
Occupation		Awards/Accomplishments	
Strongest personality characteristics		Favorite activities/Hobbies	
People they love		People they hate	
People they admire		Pets	Hobbies
Problems		Dreams and Ambitions	

Important role in the story	
Past experiences that shaped who they are	

Character Arc	Notes

○	Accountable	○	Diplomatic	○	Innovative	○	Quarrelsome
○	Adaptable	○	Disciplined	○	Intelligent	○	Reliable
○	Adventurous	○	Discreet	○	Intentional	○	Resourceful
○	Affable	○	Dishonest	○	Interested	○	Responsible
○	Alert	○	Dutiful	○	Intimate	○	Rude
○	Ambitious	○	Easygoing	○	Joyful	○	Sarcastic
○	Appropriate	○	Efficient	○	Keen	○	Self-centered
○	Arrogant	○	Empathetic	○	Knowledgeable	○	Self-confident
○	Assertive	○	Encouraging	○	Lazy	○	Self-reliant
○	Astute	○	Energetic	○	Listener	○	Sense of Humor
○	Attentive	○	Enthusiastic	○	Lively	○	Sensual
○	Authentic	○	Ethical	○	Logical	○	Serves Others
○	Boorish	○	Expressive	○	Loving	○	Sincere
○	Bossy	○	Exuberant	○	Loyal	○	Skillful
○	Bravery	○	Facilitates	○	Malicious	○	Slovenly
○	Calm	○	Fair	○	Meticulous	○	Sneaky
○	Candid	○	Fairness	○	Networker	○	Spiritual
○	Capable	○	Faithful	○	Nurturing	○	Spontaneous
○	Charismatic	○	Fearless	○	Obnoxious	○	Stable
○	Charming	○	Finicky	○	Observant	○	Stingy
○	Collaborative	○	Flexible	○	Open-Minded	○	Strong
○	Committed	○	Friendly	○	Optimistic	○	Successful
○	Communicator	○	Generative	○	Organized	○	Sullen
○	Compassionate	○	Generosity	○	Patient	○	Supportive
○	Conceited	○	Gratitude	○	Peaceful	○	Surly
○	Confident	○	Gregarious	○	Persistent	○	Tactful
○	Connected	○	Happy	○	Picky	○	Thoughtless
○	Conscientious	○	Hard-Working	○	Planner	○	Trusting
○	Considerate	○	Helpful	○	Playful	○	Trusting
○	Consistent	○	Honest	○	Poised	○	Trustworthy
○	Cooperative	○	Honorable	○	Polite	○	Truthful
○	Courageous	○	Humble	○	Pompous	○	Unfriendly
○	Cowardly	○	Humorous	○	Powerful	○	Unruly
○	Creative	○	Imaginative	○	Pragmatic	○	Versatile
○	Cultured	○	Immaculate	○	Precise	○	Vibrant
○	Curious	○	Impartial	○	Proactive	○	Vulgar
○	Dedicated	○	Impulsive	○	Problem-Solver	○	Warm
○	Dependable	○	Independent	○	Productive	○	Wise
○	Determined	○	Inquiring	○	Punctual	○	Zealous

Name/Nicknames		Age/Birthday	Race
Height/Weight	Gender/Sexuality	Eyes	Hair color
Parents		Place of Birth	Species
Siblings		Class/Status	Education
Where they have lived		Schools Attended	
Clothes/Glasses/Scars		Spiritual Beliefs	
Occupation		Awards/Accomplishments	
Strongest personality characteristics		Favorite activities/Hobbies	
People they love		People they hate	
People they admire		Pets	Hobbies
Problems		Dreams and Ambitions	

Important role in the story			
Past experiences that shaped who they are			
Character Arc		**Notes**	

o	Accountable	o	Diplomatic	o	Innovative	o	Quarrelsome
o	Adaptable	o	Disciplined	o	Intelligent	o	Reliable
o	Adventurous	o	Discreet	o	Intentional	o	Resourceful
o	Affable	o	Dishonest	o	Interested	o	Responsible
o	Alert	o	Dutiful	o	Intimate	o	Rude
o	Ambitious	o	Easygoing	o	Joyful	o	Sarcastic
o	Appropriate	o	Efficient	o	Keen	o	Self-centered
o	Arrogant	o	Empathetic	o	Knowledgeable	o	Self-confident
o	Assertive	o	Encouraging	o	Lazy	o	Self-reliant
o	Astute	o	Energetic	o	Listener	o	Sense of Humor
o	Attentive	o	Enthusiastic	o	Lively	o	Sensual
o	Authentic	o	Ethical	o	Logical	o	Serves Others
o	Boorish	o	Expressive	o	Loving	o	Sincere
o	Bossy	o	Exuberant	o	Loyal	o	Skillful
o	Bravery	o	Facilitates	o	Malicious	o	Slovenly
o	Calm	o	Fair	o	Meticulous	o	Sneaky
o	Candid	o	Fairness	o	Networker	o	Spiritual
o	Capable	o	Faithful	o	Nurturing	o	Spontaneous
o	Charismatic	o	Fearless	o	Obnoxious	o	Stable
o	Charming	o	Finicky	o	Observant	o	Stingy
o	Collaborative	o	Flexible	o	Open-Minded	o	Strong
o	Committed	o	Friendly	o	Optimistic	o	Successful
o	Communicator	o	Generative	o	Organized	o	Sullen
o	Compassionate	o	Generosity	o	Patient	o	Supportive
o	Conceited	o	Gratitude	o	Peaceful	o	Surly
o	Confident	o	Gregarious	o	Persistent	o	Tactful
o	Connected	o	Happy	o	Picky	o	Thoughtless
o	Conscientious	o	Hard-Working	o	Planner	o	Trusting
o	Considerate	o	Helpful	o	Playful	o	Trusting
o	Consistent	o	Honest	o	Poised	o	Trustworthy
o	Cooperative	o	Honorable	o	Polite	o	Truthful
o	Courageous	o	Humble	o	Pompous	o	Unfriendly
o	Cowardly	o	Humorous	o	Powerful	o	Unruly
o	Creative	o	Imaginative	o	Pragmatic	o	Versatile
o	Cultured	o	Immaculate	o	Precise	o	Vibrant
o	Curious	o	Impartial	o	Proactive	o	Vulgar
o	Dedicated	o	Impulsive	o	Problem-Solver	o	Warm
o	Dependable	o	Independent	o	Productive	o	Wise
o	Determined	o	Inquiring	o	Punctual	o	Zealous

Name/Nicknames		Age/Birthday	Race
Height/Weight	Gender/Sexuality	Eyes	Hair color
Parents		Place of Birth	Species
Siblings		Class/Status	Education
Where they have lived		Schools Attended	
Clothes/Glasses/Scars		Spiritual Beliefs	
Occupation		Awards/Accomplishments	
Strongest personality characteristics		Favorite activities/Hobbies	
People they love		People they hate	
People they admire		Pets	Hobbies
Problems		Dreams and Ambitions	

Important role in the story	
Past experiences that shaped who they are	

Character Arc	Notes

o	Accountable	o	Diplomatic	o	Innovative	o	Quarrelsome
o	Adaptable	o	Disciplined	o	Intelligent	o	Reliable
o	Adventurous	o	Discreet	o	Intentional	o	Resourceful
o	Affable	o	Dishonest	o	Interested	o	Responsible
o	Alert	o	Dutiful	o	Intimate	o	Rude
o	Ambitious	o	Easygoing	o	Joyful	o	Sarcastic
o	Appropriate	o	Efficient	o	Keen	o	Self-centered
o	Arrogant	o	Empathetic	o	Knowledgeable	o	Self-confident
o	Assertive	o	Encouraging	o	Lazy	o	Self-reliant
o	Astute	o	Energetic	o	Listener	o	Sense of Humor
o	Attentive	o	Enthusiastic	o	Lively	o	Sensual
o	Authentic	o	Ethical	o	Logical	o	Serves Others
o	Boorish	o	Expressive	o	Loving	o	Sincere
o	Bossy	o	Exuberant	o	Loyal	o	Skillful
o	Bravery	o	Facilitates	o	Malicious	o	Slovenly
o	Calm	o	Fair	o	Meticulous	o	Sneaky
o	Candid	o	Fairness	o	Networker	o	Spiritual
o	Capable	o	Faithful	o	Nurturing	o	Spontaneous
o	Charismatic	o	Fearless	o	Obnoxious	o	Stable
o	Charming	o	Finicky	o	Observant	o	Stingy
o	Collaborative	o	Flexible	o	Open-Minded	o	Strong
o	Committed	o	Friendly	o	Optimistic	o	Successful
o	Communicator	o	Generative	o	Organized	o	Sullen
o	Compassionate	o	Generosity	o	Patient	o	Supportive
o	Conceited	o	Gratitude	o	Peaceful	o	Surly
o	Confident	o	Gregarious	o	Persistent	o	Tactful
o	Connected	o	Happy	o	Picky	o	Thoughtless
o	Conscientious	o	Hard-Working	o	Planner	o	Trusting
o	Considerate	o	Helpful	o	Playful	o	Trusting
o	Consistent	o	Honest	o	Poised	o	Trustworthy
o	Cooperative	o	Honorable	o	Polite	o	Truthful
o	Courageous	o	Humble	o	Pompous	o	Unfriendly
o	Cowardly	o	Humorous	o	Powerful	o	Unruly
o	Creative	o	Imaginative	o	Pragmatic	o	Versatile
o	Cultured	o	Immaculate	o	Precise	o	Vibrant
o	Curious	o	Impartial	o	Proactive	o	Vulgar
o	Dedicated	o	Impulsive	o	Problem-Solver	o	Warm
o	Dependable	o	Independent	o	Productive	o	Wise
o	Determined	o	Inquiring	o	Punctual	o	Zealous

Name/Nicknames		Age/Birthday	Race
Height/Weight	Gender/Sexuality	Eyes	Hair color
Parents		Place of Birth	Species
Siblings		Class/Status	Education
Where they have lived		Schools Attended	
Clothes/Glasses/Scars		Spiritual Beliefs	
Occupation		Awards/Accomplishments	
Strongest personality characteristics		Favorite activities/Hobbies	
People they love		People they hate	
People they admire		Pets	Hobbies
Problems		Dreams and Ambitions	

Important role in the story			
Past experiences that shaped who they are			
Character Arc		**Notes**	

o Accountable	o Diplomatic	o Innovative	o Quarrelsome
o Adaptable	o Disciplined	o Intelligent	o Reliable
o Adventurous	o Discreet	o Intentional	o Resourceful
o Affable	o Dishonest	o Interested	o Responsible
o Alert	o Dutiful	o Intimate	o Rude
o Ambitious	o Easygoing	o Joyful	o Sarcastic
o Appropriate	o Efficient	o Keen	o Self-centered
o Arrogant	o Empathetic	o Knowledgeable	o Self-confident
o Assertive	o Encouraging	o Lazy	o Self-reliant
o Astute	o Energetic	o Listener	o Sense of Humor
o Attentive	o Enthusiastic	o Lively	o Sensual
o Authentic	o Ethical	o Logical	o Serves Others
o Boorish	o Expressive	o Loving	o Sincere
o Bossy	o Exuberant	o Loyal	o Skillful
o Bravery	o Facilitates	o Malicious	o Slovenly
o Calm	o Fair	o Meticulous	o Sneaky
o Candid	o Fairness	o Networker	o Spiritual
o Capable	o Faithful	o Nurturing	o Spontaneous
o Charismatic	o Fearless	o Obnoxious	o Stable
o Charming	o Finicky	o Observant	o Stingy
o Collaborative	o Flexible	o Open-Minded	o Strong
o Committed	o Friendly	o Optimistic	o Successful
o Communicator	o Generative	o Organized	o Sullen
o Compassionate	o Generosity	o Patient	o Supportive
o Conceited	o Gratitude	o Peaceful	o Surly
o Confident	o Gregarious	o Persistent	o Tactful
o Connected	o Happy	o Picky	o Thoughtless
o Conscientious	o Hard-Working	o Planner	o Trusting
o Considerate	o Helpful	o Playful	o Trusting
o Consistent	o Honest	o Poised	o Trustworthy
o Cooperative	o Honorable	o Polite	o Truthful
o Courageous	o Humble	o Pompous	o Unfriendly
o Cowardly	o Humorous	o Powerful	o Unruly
o Creative	o Imaginative	o Pragmatic	o Versatile
o Cultured	o Immaculate	o Precise	o Vibrant
o Curious	o Impartial	o Proactive	o Vulgar
o Dedicated	o Impulsive	o Problem-Solver	o Warm
o Dependable	o Independent	o Productive	o Wise
o Determined	o Inquiring	o Punctual	o Zealous

Name/Nicknames		Age/Birthday	Race
Height/Weight	Gender/Sexuality	Eyes	Hair color
Parents		Place of Birth	Species
Siblings		Class/Status	Education
Where they have lived		Schools Attended	
Clothes/Glasses/Scars		Spiritual Beliefs	
Occupation		Awards/Accomplishments	
Strongest personality characteristics		Favorite activities/Hobbies	
People they love		People they hate	
People they admire		Pets	Hobbies
Problems		Dreams and Ambitions	

Important role in the story			

Past experiences that shaped who they are			

Character Arc		Notes	

○ Accountable	○ Diplomatic	○ Innovative	○ Quarrelsome
○ Adaptable	○ Disciplined	○ Intelligent	○ Reliable
○ Adventurous	○ Discreet	○ Intentional	○ Resourceful
○ Affable	○ Dishonest	○ Interested	○ Responsible
○ Alert	○ Dutiful	○ Intimate	○ Rude
○ Ambitious	○ Easygoing	○ Joyful	○ Sarcastic
○ Appropriate	○ Efficient	○ Keen	○ Self-centered
○ Arrogant	○ Empathetic	○ Knowledgeable	○ Self-confident
○ Assertive	○ Encouraging	○ Lazy	○ Self-reliant
○ Astute	○ Energetic	○ Listener	○ Sense of Humor
○ Attentive	○ Enthusiastic	○ Lively	○ Sensual
○ Authentic	○ Ethical	○ Logical	○ Serves Others
○ Boorish	○ Expressive	○ Loving	○ Sincere
○ Bossy	○ Exuberant	○ Loyal	○ Skillful
○ Bravery	○ Facilitates	○ Malicious	○ Slovenly
○ Calm	○ Fair	○ Meticulous	○ Sneaky
○ Candid	○ Fairness	○ Networker	○ Spiritual
○ Capable	○ Faithful	○ Nurturing	○ Spontaneous
○ Charismatic	○ Fearless	○ Obnoxious	○ Stable
○ Charming	○ Finicky	○ Observant	○ Stingy
○ Collaborative	○ Flexible	○ Open-Minded	○ Strong
○ Committed	○ Friendly	○ Optimistic	○ Successful
○ Communicator	○ Generative	○ Organized	○ Sullen
○ Compassionate	○ Generosity	○ Patient	○ Supportive
○ Conceited	○ Gratitude	○ Peaceful	○ Surly
○ Confident	○ Gregarious	○ Persistent	○ Tactful
○ Connected	○ Happy	○ Picky	○ Thoughtless
○ Conscientious	○ Hard-Working	○ Planner	○ Trusting
○ Considerate	○ Helpful	○ Playful	○ Trusting
○ Consistent	○ Honest	○ Poised	○ Trustworthy
○ Cooperative	○ Honorable	○ Polite	○ Truthful
○ Courageous	○ Humble	○ Pompous	○ Unfriendly
○ Cowardly	○ Humorous	○ Powerful	○ Unruly
○ Creative	○ Imaginative	○ Pragmatic	○ Versatile
○ Cultured	○ Immaculate	○ Precise	○ Vibrant
○ Curious	○ Impartial	○ Proactive	○ Vulgar
○ Dedicated	○ Impulsive	○ Problem-Solver	○ Warm
○ Dependable	○ Independent	○ Productive	○ Wise
○ Determined	○ Inquiring	○ Punctual	○ Zealous

Name/Nicknames		Age/Birthday	Race
Height/Weight	Gender/Sexuality	Eyes	Hair color
Parents		Place of Birth	Species
Siblings		Class/Status	Education
Where they have lived		Schools Attended	
Clothes/Glasses/Scars		Spiritual Beliefs	
Occupation		Awards/Accomplishments	
Strongest personality characteristics		Favorite activities/Hobbies	
People they love		People they hate	
People they admire		Pets	Hobbies
Problems		Dreams and Ambitions	

Important role in the story			

Past experiences that shaped who they are			

Character Arc	*Notes*

o	Accountable	o	Diplomatic	o	Innovative	o	Quarrelsome
o	Adaptable	o	Disciplined	o	Intelligent	o	Reliable
o	Adventurous	o	Discreet	o	Intentional	o	Resourceful
o	Affable	o	Dishonest	o	Interested	o	Responsible
o	Alert	o	Dutiful	o	Intimate	o	Rude
o	Ambitious	o	Easygoing	o	Joyful	o	Sarcastic
o	Appropriate	o	Efficient	o	Keen	o	Self-centered
o	Arrogant	o	Empathetic	o	Knowledgeable	o	Self-confident
o	Assertive	o	Encouraging	o	Lazy	o	Self-reliant
o	Astute	o	Energetic	o	Listener	o	Sense of Humor
o	Attentive	o	Enthusiastic	o	Lively	o	Sensual
o	Authentic	o	Ethical	o	Logical	o	Serves Others
o	Boorish	o	Expressive	o	Loving	o	Sincere
o	Bossy	o	Exuberant	o	Loyal	o	Skillful
o	Bravery	o	Facilitates	o	Malicious	o	Slovenly
o	Calm	o	Fair	o	Meticulous	o	Sneaky
o	Candid	o	Fairness	o	Networker	o	Spiritual
o	Capable	o	Faithful	o	Nurturing	o	Spontaneous
o	Charismatic	o	Fearless	o	Obnoxious	o	Stable
o	Charming	o	Finicky	o	Observant	o	Stingy
o	Collaborative	o	Flexible	o	Open-Minded	o	Strong
o	Committed	o	Friendly	o	Optimistic	o	Successful
o	Communicator	o	Generative	o	Organized	o	Sullen
o	Compassionate	o	Generosity	o	Patient	o	Supportive
o	Conceited	o	Gratitude	o	Peaceful	o	Surly
o	Confident	o	Gregarious	o	Persistent	o	Tactful
o	Connected	o	Happy	o	Picky	o	Thoughtless
o	Conscientious	o	Hard-Working	o	Planner	o	Trusting
o	Considerate	o	Helpful	o	Playful	o	Trusting
o	Consistent	o	Honest	o	Poised	o	Trustworthy
o	Cooperative	o	Honorable	o	Polite	o	Truthful
o	Courageous	o	Humble	o	Pompous	o	Unfriendly
o	Cowardly	o	Humorous	o	Powerful	o	Unruly
o	Creative	o	Imaginative	o	Pragmatic	o	Versatile
o	Cultured	o	Immaculate	o	Precise	o	Vibrant
o	Curious	o	Impartial	o	Proactive	o	Vulgar
o	Dedicated	o	Impulsive	o	Problem-Solver	o	Warm
o	Dependable	o	Independent	o	Productive	o	Wise
o	Determined	o	Inquiring	o	Punctual	o	Zealous

Name/Nicknames		Age/Birthday	Race
Height/Weight	Gender/Sexuality	Eyes	Hair color
Parents		Place of Birth	Species
Siblings		Class/Status	Education
Where they have lived		Schools Attended	
Clothes/Glasses/Scars		Spiritual Beliefs	
Occupation		Awards/Accomplishments	
Strongest personality characteristics		Favorite activities/Hobbies	
People they love		People they hate	
People they admire		Pets	Hobbies
Problems		Dreams and Ambitions	

Important role in the story			
Past experiences that shaped who they are			
Character Arc		**Notes**	

o Accountable	o Diplomatic	o Innovative	o Quarrelsome
o Adaptable	o Disciplined	o Intelligent	o Reliable
o Adventurous	o Discreet	o Intentional	o Resourceful
o Affable	o Dishonest	o Interested	o Responsible
o Alert	o Dutiful	o Intimate	o Rude
o Ambitious	o Easygoing	o Joyful	o Sarcastic
o Appropriate	o Efficient	o Keen	o Self-centered
o Arrogant	o Empathetic	o Knowledgeable	o Self-confident
o Assertive	o Encouraging	o Lazy	o Self-reliant
o Astute	o Energetic	o Listener	o Sense of Humor
o Attentive	o Enthusiastic	o Lively	o Sensual
o Authentic	o Ethical	o Logical	o Serves Others
o Boorish	o Expressive	o Loving	o Sincere
o Bossy	o Exuberant	o Loyal	o Skillful
o Bravery	o Facilitates	o Malicious	o Slovenly
o Calm	o Fair	o Meticulous	o Sneaky
o Candid	o Fairness	o Networker	o Spiritual
o Capable	o Faithful	o Nurturing	o Spontaneous
o Charismatic	o Fearless	o Obnoxious	o Stable
o Charming	o Finicky	o Observant	o Stingy
o Collaborative	o Flexible	o Open-Minded	o Strong
o Committed	o Friendly	o Optimistic	o Successful
o Communicator	o Generative	o Organized	o Sullen
o Compassionate	o Generosity	o Patient	o Supportive
o Conceited	o Gratitude	o Peaceful	o Surly
o Confident	o Gregarious	o Persistent	o Tactful
o Connected	o Happy	o Picky	o Thoughtless
o Conscientious	o Hard-Working	o Planner	o Trusting
o Considerate	o Helpful	o Playful	o Trusting
o Consistent	o Honest	o Poised	o Trustworthy
o Cooperative	o Honorable	o Polite	o Truthful
o Courageous	o Humble	o Pompous	o Unfriendly
o Cowardly	o Humorous	o Powerful	o Unruly
o Creative	o Imaginative	o Pragmatic	o Versatile
o Cultured	o Immaculate	o Precise	o Vibrant
o Curious	o Impartial	o Proactive	o Vulgar
o Dedicated	o Impulsive	o Problem-Solver	o Warm
o Dependable	o Independent	o Productive	o Wise
o Determined	o Inquiring	o Punctual	o Zealous

Name/Nicknames		Age/Birthday	Race
Height/Weight	Gender/Sexuality	Eyes	Hair color
Parents		Place of Birth	Species
Siblings		Class/Status	Education
Where they have lived		Schools Attended	
Clothes/Glasses/Scars		Spiritual Beliefs	
Occupation		Awards/Accomplishments	
Strongest personality characteristics		Favorite activities/Hobbies	
People they love		People they hate	
People they admire		Pets	Hobbies
Problems		Dreams and Ambitions	

Important role in the story				
Past experiences that shaped who they are				
Character Arc		**Notes**		

o Accountable	o Diplomatic	o Innovative	o Quarrelsome
o Adaptable	o Disciplined	o Intelligent	o Reliable
o Adventurous	o Discreet	o Intentional	o Resourceful
o Affable	o Dishonest	o Interested	o Responsible
o Alert	o Dutiful	o Intimate	o Rude
o Ambitious	o Easygoing	o Joyful	o Sarcastic
o Appropriate	o Efficient	o Keen	o Self-centered
o Arrogant	o Empathetic	o Knowledgeable	o Self-confident
o Assertive	o Encouraging	o Lazy	o Self-reliant
o Astute	o Energetic	o Listener	o Sense of Humor
o Attentive	o Enthusiastic	o Lively	o Sensual
o Authentic	o Ethical	o Logical	o Serves Others
o Boorish	o Expressive	o Loving	o Sincere
o Bossy	o Exuberant	o Loyal	o Skillful
o Bravery	o Facilitates	o Malicious	o Slovenly
o Calm	o Fair	o Meticulous	o Sneaky
o Candid	o Fairness	o Networker	o Spiritual
o Capable	o Faithful	o Nurturing	o Spontaneous
o Charismatic	o Fearless	o Obnoxious	o Stable
o Charming	o Finicky	o Observant	o Stingy
o Collaborative	o Flexible	o Open-Minded	o Strong
o Committed	o Friendly	o Optimistic	o Successful
o Communicator	o Generative	o Organized	o Sullen
o Compassionate	o Generosity	o Patient	o Supportive
o Conceited	o Gratitude	o Peaceful	o Surly
o Confident	o Gregarious	o Persistent	o Tactful
o Connected	o Happy	o Picky	o Thoughtless
o Conscientious	o Hard-Working	o Planner	o Trusting
o Considerate	o Helpful	o Playful	o Trusting
o Consistent	o Honest	o Poised	o Trustworthy
o Cooperative	o Honorable	o Polite	o Truthful
o Courageous	o Humble	o Pompous	o Unfriendly
o Cowardly	o Humorous	o Powerful	o Unruly
o Creative	o Imaginative	o Pragmatic	o Versatile
o Cultured	o Immaculate	o Precise	o Vibrant
o Curious	o Impartial	o Proactive	o Vulgar
o Dedicated	o Impulsive	o Problem-Solver	o Warm
o Dependable	o Independent	o Productive	o Wise
o Determined	o Inquiring	o Punctual	o Zealous

Name/Nicknames		Age/Birthday	Race
Height/Weight	Gender/Sexuality	Eyes	Hair color
Parents		Place of Birth	Species
Siblings		Class/Status	Education

Where they have lived	Schools Attended
Clothes/Glasses/Scars	Spiritual Beliefs
Occupation	Awards/Accomplishments
Strongest personality characteristics	Favorite activities/Hobbies
People they love	People they hate

People they admire	Pets	Hobbies

Problems	Dreams and Ambitions

Important role in the story

Past experiences that shaped who they are

Character Arc

Notes

o Accountable	o Diplomatic	o Innovative	o Quarrelsome
o Adaptable	o Disciplined	o Intelligent	o Reliable
o Adventurous	o Discreet	o Intentional	o Resourceful
o Affable	o Dishonest	o Interested	o Responsible
o Alert	o Dutiful	o Intimate	o Rude
o Ambitious	o Easygoing	o Joyful	o Sarcastic
o Appropriate	o Efficient	o Keen	o Self-centered
o Arrogant	o Empathetic	o Knowledgeable	o Self-confident
o Assertive	o Encouraging	o Lazy	o Self-reliant
o Astute	o Energetic	o Listener	o Sense of Humor
o Attentive	o Enthusiastic	o Lively	o Sensual
o Authentic	o Ethical	o Logical	o Serves Others
o Boorish	o Expressive	o Loving	o Sincere
o Bossy	o Exuberant	o Loyal	o Skillful
o Bravery	o Facilitates	o Malicious	o Slovenly
o Calm	o Fair	o Meticulous	o Sneaky
o Candid	o Fairness	o Networker	o Spiritual
o Capable	o Faithful	o Nurturing	o Spontaneous
o Charismatic	o Fearless	o Obnoxious	o Stable
o Charming	o Finicky	o Observant	o Stingy
o Collaborative	o Flexible	o Open-Minded	o Strong
o Committed	o Friendly	o Optimistic	o Successful
o Communicator	o Generative	o Organized	o Sullen
o Compassionate	o Generosity	o Patient	o Supportive
o Conceited	o Gratitude	o Peaceful	o Surly
o Confident	o Gregarious	o Persistent	o Tactful
o Connected	o Happy	o Picky	o Thoughtless
o Conscientious	o Hard-Working	o Planner	o Trusting
o Considerate	o Helpful	o Playful	o Trusting
o Consistent	o Honest	o Poised	o Trustworthy
o Cooperative	o Honorable	o Polite	o Truthful
o Courageous	o Humble	o Pompous	o Unfriendly
o Cowardly	o Humorous	o Powerful	o Unruly
o Creative	o Imaginative	o Pragmatic	o Versatile
o Cultured	o Immaculate	o Precise	o Vibrant
o Curious	o Impartial	o Proactive	o Vulgar
o Dedicated	o Impulsive	o Problem-Solver	o Warm
o Dependable	o Independent	o Productive	o Wise
o Determined	o Inquiring	o Punctual	o Zealous

Name/Nicknames		Age/Birthday	Race
Height/Weight	Gender/Sexuality	Eyes	Hair color
Parents		Place of Birth	Species
Siblings		Class/Status	Education
Where they have lived		Schools Attended	
Clothes/Glasses/Scars		Spiritual Beliefs	
Occupation		Awards/Accomplishments	
Strongest personality characteristics		Favorite activities/Hobbies	
People they love		People they hate	
People they admire		Pets	Hobbies
Problems		Dreams and Ambitions	

Important role in the story

Past experiences that shaped who they are

Character Arc	Notes

o	Accountable	o	Diplomatic	o	Innovative	o	Quarrelsome
o	Adaptable	o	Disciplined	o	Intelligent	o	Reliable
o	Adventurous	o	Discreet	o	Intentional	o	Resourceful
o	Affable	o	Dishonest	o	Interested	o	Responsible
o	Alert	o	Dutiful	o	Intimate	o	Rude
o	Ambitious	o	Easygoing	o	Joyful	o	Sarcastic
o	Appropriate	o	Efficient	o	Keen	o	Self-centered
o	Arrogant	o	Empathetic	o	Knowledgeable	o	Self-confident
o	Assertive	o	Encouraging	o	Lazy	o	Self-reliant
o	Astute	o	Energetic	o	Listener	o	Sense of Humor
o	Attentive	o	Enthusiastic	o	Lively	o	Sensual
o	Authentic	o	Ethical	o	Logical	o	Serves Others
o	Boorish	o	Expressive	o	Loving	o	Sincere
o	Bossy	o	Exuberant	o	Loyal	o	Skillful
o	Bravery	o	Facilitates	o	Malicious	o	Slovenly
o	Calm	o	Fair	o	Meticulous	o	Sneaky
o	Candid	o	Fairness	o	Networker	o	Spiritual
o	Capable	o	Faithful	o	Nurturing	o	Spontaneous
o	Charismatic	o	Fearless	o	Obnoxious	o	Stable
o	Charming	o	Finicky	o	Observant	o	Stingy
o	Collaborative	o	Flexible	o	Open-Minded	o	Strong
o	Committed	o	Friendly	o	Optimistic	o	Successful
o	Communicator	o	Generative	o	Organized	o	Sullen
o	Compassionate	o	Generosity	o	Patient	o	Supportive
o	Conceited	o	Gratitude	o	Peaceful	o	Surly
o	Confident	o	Gregarious	o	Persistent	o	Tactful
o	Connected	o	Happy	o	Picky	o	Thoughtless
o	Conscientious	o	Hard-Working	o	Planner	o	Trusting
o	Considerate	o	Helpful	o	Playful	o	Trusting
o	Consistent	o	Honest	o	Poised	o	Trustworthy
o	Cooperative	o	Honorable	o	Polite	o	Truthful
o	Courageous	o	Humble	o	Pompous	o	Unfriendly
o	Cowardly	o	Humorous	o	Powerful	o	Unruly
o	Creative	o	Imaginative	o	Pragmatic	o	Versatile
o	Cultured	o	Immaculate	o	Precise	o	Vibrant
o	Curious	o	Impartial	o	Proactive	o	Vulgar
o	Dedicated	o	Impulsive	o	Problem-Solver	o	Warm
o	Dependable	o	Independent	o	Productive	o	Wise
o	Determined	o	Inquiring	o	Punctual	o	Zealous

Name/Nicknames		Age/Birthday	Race
Height/Weight	Gender/Sexuality	Eyes	Hair color
Parents		Place of Birth	Species
Siblings		Class/Status	Education
Where they have lived		Schools Attended	
Clothes/Glasses/Scars		Spiritual Beliefs	
Occupation		Awards/Accomplishments	
Strongest personality characteristics		Favorite activities/Hobbies	
People they love		People they hate	
People they admire		Pets	Hobbies
Problems		Dreams and Ambitions	

Important role in the story			
Past experiences that shaped who they are			
Character Arc		**Notes**	

o	Accountable	o	Diplomatic	o	Innovative	o	Quarrelsome
o	Adaptable	o	Disciplined	o	Intelligent	o	Reliable
o	Adventurous	o	Discreet	o	Intentional	o	Resourceful
o	Affable	o	Dishonest	o	Interested	o	Responsible
o	Alert	o	Dutiful	o	Intimate	o	Rude
o	Ambitious	o	Easygoing	o	Joyful	o	Sarcastic
o	Appropriate	o	Efficient	o	Keen	o	Self-centered
o	Arrogant	o	Empathetic	o	Knowledgeable	o	Self-confident
o	Assertive	o	Encouraging	o	Lazy	o	Self-reliant
o	Astute	o	Energetic	o	Listener	o	Sense of Humor
o	Attentive	o	Enthusiastic	o	Lively	o	Sensual
o	Authentic	o	Ethical	o	Logical	o	Serves Others
o	Boorish	o	Expressive	o	Loving	o	Sincere
o	Bossy	o	Exuberant	o	Loyal	o	Skillful
o	Bravery	o	Facilitates	o	Malicious	o	Slovenly
o	Calm	o	Fair	o	Meticulous	o	Sneaky
o	Candid	o	Fairness	o	Networker	o	Spiritual
o	Capable	o	Faithful	o	Nurturing	o	Spontaneous
o	Charismatic	o	Fearless	o	Obnoxious	o	Stable
o	Charming	o	Finicky	o	Observant	o	Stingy
o	Collaborative	o	Flexible	o	Open-Minded	o	Strong
o	Committed	o	Friendly	o	Optimistic	o	Successful
o	Communicator	o	Generative	o	Organized	o	Sullen
o	Compassionate	o	Generosity	o	Patient	o	Supportive
o	Conceited	o	Gratitude	o	Peaceful	o	Surly
o	Confident	o	Gregarious	o	Persistent	o	Tactful
o	Connected	o	Happy	o	Picky	o	Thoughtless
o	Conscientious	o	Hard-Working	o	Planner	o	Trusting
o	Considerate	o	Helpful	o	Playful	o	Trusting
o	Consistent	o	Honest	o	Poised	o	Trustworthy
o	Cooperative	o	Honorable	o	Polite	o	Truthful
o	Courageous	o	Humble	o	Pompous	o	Unfriendly
o	Cowardly	o	Humorous	o	Powerful	o	Unruly
o	Creative	o	Imaginative	o	Pragmatic	o	Versatile
o	Cultured	o	Immaculate	o	Precise	o	Vibrant
o	Curious	o	Impartial	o	Proactive	o	Vulgar
o	Dedicated	o	Impulsive	o	Problem-Solver	o	Warm
o	Dependable	o	Independent	o	Productive	o	Wise
o	Determined	o	Inquiring	o	Punctual	o	Zealous

Name/Nicknames		Age/Birthday	Race
Height/Weight	Gender/Sexuality	Eyes	Hair color
Parents		Place of Birth	Species
Siblings		Class/Status	Education

Where they have lived	Schools Attended
Clothes/Glasses/Scars	Spiritual Beliefs
Occupation	Awards/Accomplishments
Strongest personality characteristics	Favorite activities/Hobbies
People they love	People they hate

People they admire	Pets	Hobbies

Problems	Dreams and Ambitions

Important role in the story

Past experiences that shaped who they are

Character Arc

Notes

o Accountable	o Diplomatic	o Innovative	o Quarrelsome
o Adaptable	o Disciplined	o Intelligent	o Reliable
o Adventurous	o Discreet	o Intentional	o Resourceful
o Affable	o Dishonest	o Interested	o Responsible
o Alert	o Dutiful	o Intimate	o Rude
o Ambitious	o Easygoing	o Joyful	o Sarcastic
o Appropriate	o Efficient	o Keen	o Self-centered
o Arrogant	o Empathetic	o Knowledgeable	o Self-confident
o Assertive	o Encouraging	o Lazy	o Self-reliant
o Astute	o Energetic	o Listener	o Sense of Humor
o Attentive	o Enthusiastic	o Lively	o Sensual
o Authentic	o Ethical	o Logical	o Serves Others
o Boorish	o Expressive	o Loving	o Sincere
o Bossy	o Exuberant	o Loyal	o Skillful
o Bravery	o Facilitates	o Malicious	o Slovenly
o Calm	o Fair	o Meticulous	o Sneaky
o Candid	o Fairness	o Networker	o Spiritual
o Capable	o Faithful	o Nurturing	o Spontaneous
o Charismatic	o Fearless	o Obnoxious	o Stable
o Charming	o Finicky	o Observant	o Stingy
o Collaborative	o Flexible	o Open-Minded	o Strong
o Committed	o Friendly	o Optimistic	o Successful
o Communicator	o Generative	o Organized	o Sullen
o Compassionate	o Generosity	o Patient	o Supportive
o Conceited	o Gratitude	o Peaceful	o Surly
o Confident	o Gregarious	o Persistent	o Tactful
o Connected	o Happy	o Picky	o Thoughtless
o Conscientious	o Hard-Working	o Planner	o Trusting
o Considerate	o Helpful	o Playful	o Trusting
o Consistent	o Honest	o Poised	o Trustworthy
o Cooperative	o Honorable	o Polite	o Truthful
o Courageous	o Humble	o Pompous	o Unfriendly
o Cowardly	o Humorous	o Powerful	o Unruly
o Creative	o Imaginative	o Pragmatic	o Versatile
o Cultured	o Immaculate	o Precise	o Vibrant
o Curious	o Impartial	o Proactive	o Vulgar
o Dedicated	o Impulsive	o Problem-Solver	o Warm
o Dependable	o Independent	o Productive	o Wise
o Determined	o Inquiring	o Punctual	o Zealous

Name/Nicknames		Age/Birthday	Race
Height/Weight	Gender/Sexuality	Eyes	Hair color
Parents		Place of Birth	Species
Siblings		Class/Status	Education
Where they have lived		Schools Attended	
Clothes/Glasses/Scars		Spiritual Beliefs	
Occupation		Awards/Accomplishments	
Strongest personality characteristics		Favorite activities/Hobbies	
People they love		People they hate	
People they admire		Pets	Hobbies
Problems		Dreams and Ambitions	

Important role in the story	

Past experiences that shaped who they are

Character Arc	Notes

○	Accountable	○	Diplomatic	○	Innovative	○	Quarrelsome
○	Adaptable	○	Disciplined	○	Intelligent	○	Reliable
○	Adventurous	○	Discreet	○	Intentional	○	Resourceful
○	Affable	○	Dishonest	○	Interested	○	Responsible
○	Alert	○	Dutiful	○	Intimate	○	Rude
○	Ambitious	○	Easygoing	○	Joyful	○	Sarcastic
○	Appropriate	○	Efficient	○	Keen	○	Self-centered
○	Arrogant	○	Empathetic	○	Knowledgeable	○	Self-confident
○	Assertive	○	Encouraging	○	Lazy	○	Self-reliant
○	Astute	○	Energetic	○	Listener	○	Sense of Humor
○	Attentive	○	Enthusiastic	○	Lively	○	Sensual
○	Authentic	○	Ethical	○	Logical	○	Serves Others
○	Boorish	○	Expressive	○	Loving	○	Sincere
○	Bossy	○	Exuberant	○	Loyal	○	Skillful
○	Bravery	○	Facilitates	○	Malicious	○	Slovenly
○	Calm	○	Fair	○	Meticulous	○	Sneaky
○	Candid	○	Fairness	○	Networker	○	Spiritual
○	Capable	○	Faithful	○	Nurturing	○	Spontaneous
○	Charismatic	○	Fearless	○	Obnoxious	○	Stable
○	Charming	○	Finicky	○	Observant	○	Stingy
○	Collaborative	○	Flexible	○	Open-Minded	○	Strong
○	Committed	○	Friendly	○	Optimistic	○	Successful
○	Communicator	○	Generative	○	Organized	○	Sullen
○	Compassionate	○	Generosity	○	Patient	○	Supportive
○	Conceited	○	Gratitude	○	Peaceful	○	Surly
○	Confident	○	Gregarious	○	Persistent	○	Tactful
○	Connected	○	Happy	○	Picky	○	Thoughtless
○	Conscientious	○	Hard-Working	○	Planner	○	Trusting
○	Considerate	○	Helpful	○	Playful	○	Trusting
○	Consistent	○	Honest	○	Poised	○	Trustworthy
○	Cooperative	○	Honorable	○	Polite	○	Truthful
○	Courageous	○	Humble	○	Pompous	○	Unfriendly
○	Cowardly	○	Humorous	○	Powerful	○	Unruly
○	Creative	○	Imaginative	○	Pragmatic	○	Versatile
○	Cultured	○	Immaculate	○	Precise	○	Vibrant
○	Curious	○	Impartial	○	Proactive	○	Vulgar
○	Dedicated	○	Impulsive	○	Problem-Solver	○	Warm
○	Dependable	○	Independent	○	Productive	○	Wise
○	Determined	○	Inquiring	○	Punctual	○	Zealous

Name/Nicknames		Age/Birthday	Race
Height/Weight	Gender/Sexuality	Eyes	Hair color
Parents		Place of Birth	Species
Siblings		Class/Status	Education
Where they have lived		Schools Attended	
Clothes/Glasses/Scars		Spiritual Beliefs	
Occupation		Awards/Accomplishments	
Strongest personality characteristics		Favorite activities/Hobbies	
People they love		People they hate	
People they admire		Pets	Hobbies
Problems		Dreams and Ambitions	

Important role in the story		
Past experiences that shaped who they are		
Character Arc		**Notes**

o	Accountable	o	Diplomatic	o	Innovative
o	Adaptable	o	Disciplined	o	Intelligent
o	Adventurous	o	Discreet	o	Intentional
o	Affable	o	Dishonest	o	Interested
o	Alert	o	Dutiful	o	Intimate
o	Ambitious	o	Easygoing	o	Joyful
o	Appropriate	o	Efficient	o	Keen
o	Arrogant	o	Empathetic	o	Knowledgeable
o	Assertive	o	Encouraging	o	Lazy
o	Astute	o	Energetic	o	Listener
o	Attentive	o	Enthusiastic	o	Lively
o	Authentic	o	Ethical	o	Logical
o	Boorish	o	Expressive	o	Loving
o	Bossy	o	Exuberant	o	Loyal
o	Bravery	o	Facilitates	o	Malicious
o	Calm	o	Fair	o	Meticulous
o	Candid	o	Fairness	o	Networker
o	Capable	o	Faithful	o	Nurturing
o	Charismatic	o	Fearless	o	Obnoxious
o	Charming	o	Finicky	o	Observant
o	Collaborative	o	Flexible	o	Open-Minded
o	Committed	o	Friendly	o	Optimistic
o	Communicator	o	Generative	o	Organized
o	Compassionate	o	Generosity	o	Patient
o	Conceited	o	Gratitude	o	Peaceful
o	Confident	o	Gregarious	o	Persistent
o	Connected	o	Happy	o	Picky
o	Conscientious	o	Hard-Working	o	Planner
o	Considerate	o	Helpful	o	Playful
o	Consistent	o	Honest	o	Poised
o	Cooperative	o	Honorable	o	Polite
o	Courageous	o	Humble	o	Pompous
o	Cowardly	o	Humorous	o	Powerful
o	Creative	o	Imaginative	o	Pragmatic
o	Cultured	o	Immaculate	o	Precise
o	Curious	o	Impartial	o	Proactive
o	Dedicated	o	Impulsive	o	Problem-Solver
o	Dependable	o	Independent	o	Productive
o	Determined	o	Inquiring	o	Punctual

o	Quarrelsome
o	Reliable
o	Resourceful
o	Responsible
o	Rude
o	Sarcastic
o	Self-centered
o	Self-confident
o	Self-reliant
o	Sense of Humor
o	Sensual
o	Serves Others
o	Sincere
o	Skillful
o	Slovenly
o	Sneaky
o	Spiritual
o	Spontaneous
o	Stable
o	Stingy
o	Strong
o	Successful
o	Sullen
o	Supportive
o	Surly
o	Tactful
o	Thoughtless
o	Trusting
o	Trusting
o	Trustworthy
o	Truthful
o	Unfriendly
o	Unruly
o	Versatile
o	Vibrant
o	Vulgar
o	Warm
o	Wise
o	Zealous

Name/Nicknames		Age/Birthday	Race
Height/Weight	Gender/Sexuality	Eyes	Hair color
Parents		Place of Birth	Species
Siblings		Class/Status	Education
Where they have lived		Schools Attended	
Clothes/Glasses/Scars		Spiritual Beliefs	
Occupation		Awards/Accomplishments	
Strongest personality characteristics		Favorite activities/Hobbies	
People they love		People they hate	
People they admire		Pets	Hobbies
Problems		Dreams and Ambitions	

Important role in the story

Past experiences that shaped who they are

Character Arc	Notes

o	Accountable	o	Diplomatic	o	Innovative	o	Quarrelsome
o	Adaptable	o	Disciplined	o	Intelligent	o	Reliable
o	Adventurous	o	Discreet	o	Intentional	o	Resourceful
o	Affable	o	Dishonest	o	Interested	o	Responsible
o	Alert	o	Dutiful	o	Intimate	o	Rude
o	Ambitious	o	Easygoing	o	Joyful	o	Sarcastic
o	Appropriate	o	Efficient	o	Keen	o	Self-centered
o	Arrogant	o	Empathetic	o	Knowledgeable	o	Self-confident
o	Assertive	o	Encouraging	o	Lazy	o	Self-reliant
o	Astute	o	Energetic	o	Listener	o	Sense of Humor
o	Attentive	o	Enthusiastic	o	Lively	o	Sensual
o	Authentic	o	Ethical	o	Logical	o	Serves Others
o	Boorish	o	Expressive	o	Loving	o	Sincere
o	Bossy	o	Exuberant	o	Loyal	o	Skillful
o	Bravery	o	Facilitates	o	Malicious	o	Slovenly
o	Calm	o	Fair	o	Meticulous	o	Sneaky
o	Candid	o	Fairness	o	Networker	o	Spiritual
o	Capable	o	Faithful	o	Nurturing	o	Spontaneous
o	Charismatic	o	Fearless	o	Obnoxious	o	Stable
o	Charming	o	Finicky	o	Observant	o	Stingy
o	Collaborative	o	Flexible	o	Open-Minded	o	Strong
o	Committed	o	Friendly	o	Optimistic	o	Successful
o	Communicator	o	Generative	o	Organized	o	Sullen
o	Compassionate	o	Generosity	o	Patient	o	Supportive
o	Conceited	o	Gratitude	o	Peaceful	o	Surly
o	Confident	o	Gregarious	o	Persistent	o	Tactful
o	Connected	o	Happy	o	Picky	o	Thoughtless
o	Conscientious	o	Hard-Working	o	Planner	o	Trusting
o	Considerate	o	Helpful	o	Playful	o	Trusting
o	Consistent	o	Honest	o	Poised	o	Trustworthy
o	Cooperative	o	Honorable	o	Polite	o	Truthful
o	Courageous	o	Humble	o	Pompous	o	Unfriendly
o	Cowardly	o	Humorous	o	Powerful	o	Unruly
o	Creative	o	Imaginative	o	Pragmatic	o	Versatile
o	Cultured	o	Immaculate	o	Precise	o	Vibrant
o	Curious	o	Impartial	o	Proactive	o	Vulgar
o	Dedicated	o	Impulsive	o	Problem-Solver	o	Warm
o	Dependable	o	Independent	o	Productive	o	Wise
o	Determined	o	Inquiring	o	Punctual	o	Zealous

Name/Nicknames		Age/Birthday	Race
Height/Weight	Gender/Sexuality	Eyes	Hair color
Parents		Place of Birth	Species
Siblings		Class/Status	Education
Where they have lived		Schools Attended	
Clothes/Glasses/Scars		Spiritual Beliefs	
Occupation		Awards/Accomplishments	
Strongest personality characteristics		Favorite activities/Hobbies	
People they love		People they hate	
People they admire		Pets	Hobbies
Problems		Dreams and Ambitions	

Important role in the story			
Past experiences that shaped who they are			
Character Arc		**Notes**	

o	Accountable	o	Diplomatic	o	Innovative	o	Quarrelsome
o	Adaptable	o	Disciplined	o	Intelligent	o	Reliable
o	Adventurous	o	Discreet	o	Intentional	o	Resourceful
o	Affable	o	Dishonest	o	Interested	o	Responsible
o	Alert	o	Dutiful	o	Intimate	o	Rude
o	Ambitious	o	Easygoing	o	Joyful	o	Sarcastic
o	Appropriate	o	Efficient	o	Keen	o	Self-centered
o	Arrogant	o	Empathetic	o	Knowledgeable	o	Self-confident
o	Assertive	o	Encouraging	o	Lazy	o	Self-reliant
o	Astute	o	Energetic	o	Listener	o	Sense of Humor
o	Attentive	o	Enthusiastic	o	Lively	o	Sensual
o	Authentic	o	Ethical	o	Logical	o	Serves Others
o	Boorish	o	Expressive	o	Loving	o	Sincere
o	Bossy	o	Exuberant	o	Loyal	o	Skillful
o	Bravery	o	Facilitates	o	Malicious	o	Slovenly
o	Calm	o	Fair	o	Meticulous	o	Sneaky
o	Candid	o	Fairness	o	Networker	o	Spiritual
o	Capable	o	Faithful	o	Nurturing	o	Spontaneous
o	Charismatic	o	Fearless	o	Obnoxious	o	Stable
o	Charming	o	Finicky	o	Observant	o	Stingy
o	Collaborative	o	Flexible	o	Open-Minded	o	Strong
o	Committed	o	Friendly	o	Optimistic	o	Successful
o	Communicator	o	Generative	o	Organized	o	Sullen
o	Compassionate	o	Generosity	o	Patient	o	Supportive
o	Conceited	o	Gratitude	o	Peaceful	o	Surly
o	Confident	o	Gregarious	o	Persistent	o	Tactful
o	Connected	o	Happy	o	Picky	o	Thoughtless
o	Conscientious	o	Hard-Working	o	Planner	o	Trusting
o	Considerate	o	Helpful	o	Playful	o	Trusting
o	Consistent	o	Honest	o	Poised	o	Trustworthy
o	Cooperative	o	Honorable	o	Polite	o	Truthful
o	Courageous	o	Humble	o	Pompous	o	Unfriendly
o	Cowardly	o	Humorous	o	Powerful	o	Unruly
o	Creative	o	Imaginative	o	Pragmatic	o	Versatile
o	Cultured	o	Immaculate	o	Precise	o	Vibrant
o	Curious	o	Impartial	o	Proactive	o	Vulgar
o	Dedicated	o	Impulsive	o	Problem-Solver	o	Warm
o	Dependable	o	Independent	o	Productive	o	Wise
o	Determined	o	Inquiring	o	Punctual	o	Zealous

Name/Nicknames		Age/Birthday	Race
Height/Weight	Gender/Sexuality	Eyes	Hair color
Parents		Place of Birth	Species
Siblings		Class/Status	Education
Where they have lived		Schools Attended	
Clothes/Glasses/Scars		Spiritual Beliefs	
Occupation		Awards/Accomplishments	
Strongest personality characteristics		Favorite activities/Hobbies	
People they love		People they hate	
People they admire		Pets	Hobbies
Problems		Dreams and Ambitions	

Important role in the story	

Past experiences that shaped who they are	

Character Arc	Notes

o	Accountable	o	Diplomatic	o	Innovative	o	Quarrelsome
o	Adaptable	o	Disciplined	o	Intelligent	o	Reliable
o	Adventurous	o	Discreet	o	Intentional	o	Resourceful
o	Affable	o	Dishonest	o	Interested	o	Responsible
o	Alert	o	Dutiful	o	Intimate	o	Rude
o	Ambitious	o	Easygoing	o	Joyful	o	Sarcastic
o	Appropriate	o	Efficient	o	Keen	o	Self-centered
o	Arrogant	o	Empathetic	o	Knowledgeable	o	Self-confident
o	Assertive	o	Encouraging	o	Lazy	o	Self-reliant
o	Astute	o	Energetic	o	Listener	o	Sense of Humor
o	Attentive	o	Enthusiastic	o	Lively	o	Sensual
o	Authentic	o	Ethical	o	Logical	o	Serves Others
o	Boorish	o	Expressive	o	Loving	o	Sincere
o	Bossy	o	Exuberant	o	Loyal	o	Skillful
o	Bravery	o	Facilitates	o	Malicious	o	Slovenly
o	Calm	o	Fair	o	Meticulous	o	Sneaky
o	Candid	o	Fairness	o	Networker	o	Spiritual
o	Capable	o	Faithful	o	Nurturing	o	Spontaneous
o	Charismatic	o	Fearless	o	Obnoxious	o	Stable
o	Charming	o	Finicky	o	Observant	o	Stingy
o	Collaborative	o	Flexible	o	Open-Minded	o	Strong
o	Committed	o	Friendly	o	Optimistic	o	Successful
o	Communicator	o	Generative	o	Organized	o	Sullen
o	Compassionate	o	Generosity	o	Patient	o	Supportive
o	Conceited	o	Gratitude	o	Peaceful	o	Surly
o	Confident	o	Gregarious	o	Persistent	o	Tactful
o	Connected	o	Happy	o	Picky	o	Thoughtless
o	Conscientious	o	Hard-Working	o	Planner	o	Trusting
o	Considerate	o	Helpful	o	Playful	o	Trusting
o	Consistent	o	Honest	o	Poised	o	Trustworthy
o	Cooperative	o	Honorable	o	Polite	o	Truthful
o	Courageous	o	Humble	o	Pompous	o	Unfriendly
o	Cowardly	o	Humorous	o	Powerful	o	Unruly
o	Creative	o	Imaginative	o	Pragmatic	o	Versatile
o	Cultured	o	Immaculate	o	Precise	o	Vibrant
o	Curious	o	Impartial	o	Proactive	o	Vulgar
o	Dedicated	o	Impulsive	o	Problem-Solver	o	Warm
o	Dependable	o	Independent	o	Productive	o	Wise
o	Determined	o	Inquiring	o	Punctual	o	Zealous

Name/Nicknames		Age/Birthday	Race
Height/Weight	Gender/Sexuality	Eyes	Hair color
Parents		Place of Birth	Species
Siblings		Class/Status	Education
Where they have lived		Schools Attended	
Clothes/Glasses/Scars		Spiritual Beliefs	
Occupation		Awards/Accomplishments	
Strongest personality characteristics		Favorite activities/Hobbies	
People they love		People they hate	
People they admire		Pets	Hobbies
Problems		Dreams and Ambitions	

Important role in the story

Past experiences that shaped who they are

Character Arc

Notes

o Accountable	o Diplomatic	o Innovative	o Quarrelsome
o Adaptable	o Disciplined	o Intelligent	o Reliable
o Adventurous	o Discreet	o Intentional	o Resourceful
o Affable	o Dishonest	o Interested	o Responsible
o Alert	o Dutiful	o Intimate	o Rude
o Ambitious	o Easygoing	o Joyful	o Sarcastic
o Appropriate	o Efficient	o Keen	o Self-centered
o Arrogant	o Empathetic	o Knowledgeable	o Self-confident
o Assertive	o Encouraging	o Lazy	o Self-reliant
o Astute	o Energetic	o Listener	o Sense of Humor
o Attentive	o Enthusiastic	o Lively	o Sensual
o Authentic	o Ethical	o Logical	o Serves Others
o Boorish	o Expressive	o Loving	o Sincere
o Bossy	o Exuberant	o Loyal	o Skillful
o Bravery	o Facilitates	o Malicious	o Slovenly
o Calm	o Fair	o Meticulous	o Sneaky
o Candid	o Fairness	o Networker	o Spiritual
o Capable	o Faithful	o Nurturing	o Spontaneous
o Charismatic	o Fearless	o Obnoxious	o Stable
o Charming	o Finicky	o Observant	o Stingy
o Collaborative	o Flexible	o Open-Minded	o Strong
o Committed	o Friendly	o Optimistic	o Successful
o Communicator	o Generative	o Organized	o Sullen
o Compassionate	o Generosity	o Patient	o Supportive
o Conceited	o Gratitude	o Peaceful	o Surly
o Confident	o Gregarious	o Persistent	o Tactful
o Connected	o Happy	o Picky	o Thoughtless
o Conscientious	o Hard-Working	o Planner	o Trusting
o Considerate	o Helpful	o Playful	o Trusting
o Consistent	o Honest	o Poised	o Trustworthy
o Cooperative	o Honorable	o Polite	o Truthful
o Courageous	o Humble	o Pompous	o Unfriendly
o Cowardly	o Humorous	o Powerful	o Unruly
o Creative	o Imaginative	o Pragmatic	o Versatile
o Cultured	o Immaculate	o Precise	o Vibrant
o Curious	o Impartial	o Proactive	o Vulgar
o Dedicated	o Impulsive	o Problem-Solver	o Warm
o Dependable	o Independent	o Productive	o Wise
o Determined	o Inquiring	o Punctual	o Zealous

Name/Nicknames		Age/Birthday	Race
Height/Weight	Gender/Sexuality	Eyes	Hair color
Parents		Place of Birth	Species
Siblings		Class/Status	Education
Where they have lived		Schools Attended	
Clothes/Glasses/Scars		Spiritual Beliefs	
Occupation		Awards/Accomplishments	
Strongest personality characteristics		Favorite activities/Hobbies	
People they love		People they hate	
People they admire		Pets	Hobbies
Problems		Dreams and Ambitions	

Important role in the story			
Past experiences that shaped who they are			
Character Arc		**Notes**	

o	Accountable	o	Diplomatic	o	Innovative	o	Quarrelsome
o	Adaptable	o	Disciplined	o	Intelligent	o	Reliable
o	Adventurous	o	Discreet	o	Intentional	o	Resourceful
o	Affable	o	Dishonest	o	Interested	o	Responsible
o	Alert	o	Dutiful	o	Intimate	o	Rude
o	Ambitious	o	Easygoing	o	Joyful	o	Sarcastic
o	Appropriate	o	Efficient	o	Keen	o	Self-centered
o	Arrogant	o	Empathetic	o	Knowledgeable	o	Self-confident
o	Assertive	o	Encouraging	o	Lazy	o	Self-reliant
o	Astute	o	Energetic	o	Listener	o	Sense of Humor
o	Attentive	o	Enthusiastic	o	Lively	o	Sensual
o	Authentic	o	Ethical	o	Logical	o	Serves Others
o	Boorish	o	Expressive	o	Loving	o	Sincere
o	Bossy	o	Exuberant	o	Loyal	o	Skillful
o	Bravery	o	Facilitates	o	Malicious	o	Slovenly
o	Calm	o	Fair	o	Meticulous	o	Sneaky
o	Candid	o	Fairness	o	Networker	o	Spiritual
o	Capable	o	Faithful	o	Nurturing	o	Spontaneous
o	Charismatic	o	Fearless	o	Obnoxious	o	Stable
o	Charming	o	Finicky	o	Observant	o	Stingy
o	Collaborative	o	Flexible	o	Open-Minded	o	Strong
o	Committed	o	Friendly	o	Optimistic	o	Successful
o	Communicator	o	Generative	o	Organized	o	Sullen
o	Compassionate	o	Generosity	o	Patient	o	Supportive
o	Conceited	o	Gratitude	o	Peaceful	o	Surly
o	Confident	o	Gregarious	o	Persistent	o	Tactful
o	Connected	o	Happy	o	Picky	o	Thoughtless
o	Conscientious	o	Hard-Working	o	Planner	o	Trusting
o	Considerate	o	Helpful	o	Playful	o	Trusting
o	Consistent	o	Honest	o	Poised	o	Trustworthy
o	Cooperative	o	Honorable	o	Polite	o	Truthful
o	Courageous	o	Humble	o	Pompous	o	Unfriendly
o	Cowardly	o	Humorous	o	Powerful	o	Unruly
o	Creative	o	Imaginative	o	Pragmatic	o	Versatile
o	Cultured	o	Immaculate	o	Precise	o	Vibrant
o	Curious	o	Impartial	o	Proactive	o	Vulgar
o	Dedicated	o	Impulsive	o	Problem-Solver	o	Warm
o	Dependable	o	Independent	o	Productive	o	Wise
o	Determined	o	Inquiring	o	Punctual	o	Zealous

Name/Nicknames		Age/Birthday	Race
Height/Weight	Gender/Sexuality	Eyes	Hair color
Parents		Place of Birth	Species
Siblings		Class/Status	Education
Where they have lived		Schools Attended	
Clothes/Glasses/Scars		Spiritual Beliefs	
Occupation		Awards/Accomplishments	
Strongest personality characteristics		Favorite activities/Hobbies	
People they love		People they hate	
People they admire		Pets	Hobbies
Problems		Dreams and Ambitions	

Important role in the story			

Past experiences that shaped who they are			

Character Arc		**Notes**	

o	Accountable	o	Diplomatic	o	Innovative	o	Quarrelsome
o	Adaptable	o	Disciplined	o	Intelligent	o	Reliable
o	Adventurous	o	Discreet	o	Intentional	o	Resourceful
o	Affable	o	Dishonest	o	Interested	o	Responsible
o	Alert	o	Dutiful	o	Intimate	o	Rude
o	Ambitious	o	Easygoing	o	Joyful	o	Sarcastic
o	Appropriate	o	Efficient	o	Keen	o	Self-centered
o	Arrogant	o	Empathetic	o	Knowledgeable	o	Self-confident
o	Assertive	o	Encouraging	o	Lazy	o	Self-reliant
o	Astute	o	Energetic	o	Listener	o	Sense of Humor
o	Attentive	o	Enthusiastic	o	Lively	o	Sensual
o	Authentic	o	Ethical	o	Logical	o	Serves Others
o	Boorish	o	Expressive	o	Loving	o	Sincere
o	Bossy	o	Exuberant	o	Loyal	o	Skillful
o	Bravery	o	Facilitates	o	Malicious	o	Slovenly
o	Calm	o	Fair	o	Meticulous	o	Sneaky
o	Candid	o	Fairness	o	Networker	o	Spiritual
o	Capable	o	Faithful	o	Nurturing	o	Spontaneous
o	Charismatic	o	Fearless	o	Obnoxious	o	Stable
o	Charming	o	Finicky	o	Observant	o	Stingy
o	Collaborative	o	Flexible	o	Open-Minded	o	Strong
o	Committed	o	Friendly	o	Optimistic	o	Successful
o	Communicator	o	Generative	o	Organized	o	Sullen
o	Compassionate	o	Generosity	o	Patient	o	Supportive
o	Conceited	o	Gratitude	o	Peaceful	o	Surly
o	Confident	o	Gregarious	o	Persistent	o	Tactful
o	Connected	o	Happy	o	Picky	o	Thoughtless
o	Conscientious	o	Hard-Working	o	Planner	o	Trusting
o	Considerate	o	Helpful	o	Playful	o	Trusting
o	Consistent	o	Honest	o	Poised	o	Trustworthy
o	Cooperative	o	Honorable	o	Polite	o	Truthful
o	Courageous	o	Humble	o	Pompous	o	Unfriendly
o	Cowardly	o	Humorous	o	Powerful	o	Unruly
o	Creative	o	Imaginative	o	Pragmatic	o	Versatile
o	Cultured	o	Immaculate	o	Precise	o	Vibrant
o	Curious	o	Impartial	o	Proactive	o	Vulgar
o	Dedicated	o	Impulsive	o	Problem-Solver	o	Warm
o	Dependable	o	Independent	o	Productive	o	Wise
o	Determined	o	Inquiring	o	Punctual	o	Zealous

Name/Nicknames		Age/Birthday	Race
Height/Weight	Gender/Sexuality	Eyes	Hair color
Parents		Place of Birth	Species
Siblings		Class/Status	Education
Where they have lived		Schools Attended	
Clothes/Glasses/Scars		Spiritual Beliefs	
Occupation		Awards/Accomplishments	
Strongest personality characteristics		Favorite activities/Hobbies	
People they love		People they hate	
People they admire		Pets	Hobbies
Problems		Dreams and Ambitions	

Important role in the story						
Past experiences that shaped who they are						
Character Arc				**Notes**		

o	Accountable	o	Diplomatic	o	Innovative	o	Quarrelsome
o	Adaptable	o	Disciplined	o	Intelligent	o	Reliable
o	Adventurous	o	Discreet	o	Intentional	o	Resourceful
o	Affable	o	Dishonest	o	Interested	o	Responsible
o	Alert	o	Dutiful	o	Intimate	o	Rude
o	Ambitious	o	Easygoing	o	Joyful	o	Sarcastic
o	Appropriate	o	Efficient	o	Keen	o	Self-centered
o	Arrogant	o	Empathetic	o	Knowledgeable	o	Self-confident
o	Assertive	o	Encouraging	o	Lazy	o	Self-reliant
o	Astute	o	Energetic	o	Listener	o	Sense of Humor
o	Attentive	o	Enthusiastic	o	Lively	o	Sensual
o	Authentic	o	Ethical	o	Logical	o	Serves Others
o	Boorish	o	Expressive	o	Loving	o	Sincere
o	Bossy	o	Exuberant	o	Loyal	o	Skillful
o	Bravery	o	Facilitates	o	Malicious	o	Slovenly
o	Calm	o	Fair	o	Meticulous	o	Sneaky
o	Candid	o	Fairness	o	Networker	o	Spiritual
o	Capable	o	Faithful	o	Nurturing	o	Spontaneous
o	Charismatic	o	Fearless	o	Obnoxious	o	Stable
o	Charming	o	Finicky	o	Observant	o	Stingy
o	Collaborative	o	Flexible	o	Open-Minded	o	Strong
o	Committed	o	Friendly	o	Optimistic	o	Successful
o	Communicator	o	Generative	o	Organized	o	Sullen
o	Compassionate	o	Generosity	o	Patient	o	Supportive
o	Conceited	o	Gratitude	o	Peaceful	o	Surly
o	Confident	o	Gregarious	o	Persistent	o	Tactful
o	Connected	o	Happy	o	Picky	o	Thoughtless
o	Conscientious	o	Hard-Working	o	Planner	o	Trusting
o	Considerate	o	Helpful	o	Playful	o	Trusting
o	Consistent	o	Honest	o	Poised	o	Trustworthy
o	Cooperative	o	Honorable	o	Polite	o	Truthful
o	Courageous	o	Humble	o	Pompous	o	Unfriendly
o	Cowardly	o	Humorous	o	Powerful	o	Unruly
o	Creative	o	Imaginative	o	Pragmatic	o	Versatile
o	Cultured	o	Immaculate	o	Precise	o	Vibrant
o	Curious	o	Impartial	o	Proactive	o	Vulgar
o	Dedicated	o	Impulsive	o	Problem-Solver	o	Warm
o	Dependable	o	Independent	o	Productive	o	Wise
o	Determined	o	Inquiring	o	Punctual	o	Zealous

Name/Nicknames		Age/Birthday	Race
Height/Weight	Gender/Sexuality	Eyes	Hair color
Parents		Place of Birth	Species
Siblings		Class/Status	Education
Where they have lived		Schools Attended	
Clothes/Glasses/Scars		Spiritual Beliefs	
Occupation		Awards/Accomplishments	
Strongest personality characteristics		Favorite activities/Hobbies	
People they love		People they hate	
People they admire		Pets	Hobbies
Problems		Dreams and Ambitions	

Important role in the story					

Past experiences that shaped who they are					

Character Arc	Notes

○	Accountable	○	Diplomatic	○	Innovative	○	Quarrelsome
○	Adaptable	○	Disciplined	○	Intelligent	○	Reliable
○	Adventurous	○	Discreet	○	Intentional	○	Resourceful
○	Affable	○	Dishonest	○	Interested	○	Responsible
○	Alert	○	Dutiful	○	Intimate	○	Rude
○	Ambitious	○	Easygoing	○	Joyful	○	Sarcastic
○	Appropriate	○	Efficient	○	Keen	○	Self-centered
○	Arrogant	○	Empathetic	○	Knowledgeable	○	Self-confident
○	Assertive	○	Encouraging	○	Lazy	○	Self-reliant
○	Astute	○	Energetic	○	Listener	○	Sense of Humor
○	Attentive	○	Enthusiastic	○	Lively	○	Sensual
○	Authentic	○	Ethical	○	Logical	○	Serves Others
○	Boorish	○	Expressive	○	Loving	○	Sincere
○	Bossy	○	Exuberant	○	Loyal	○	Skillful
○	Bravery	○	Facilitates	○	Malicious	○	Slovenly
○	Calm	○	Fair	○	Meticulous	○	Sneaky
○	Candid	○	Fairness	○	Networker	○	Spiritual
○	Capable	○	Faithful	○	Nurturing	○	Spontaneous
○	Charismatic	○	Fearless	○	Obnoxious	○	Stable
○	Charming	○	Finicky	○	Observant	○	Stingy
○	Collaborative	○	Flexible	○	Open-Minded	○	Strong
○	Committed	○	Friendly	○	Optimistic	○	Successful
○	Communicator	○	Generative	○	Organized	○	Sullen
○	Compassionate	○	Generosity	○	Patient	○	Supportive
○	Conceited	○	Gratitude	○	Peaceful	○	Surly
○	Confident	○	Gregarious	○	Persistent	○	Tactful
○	Connected	○	Happy	○	Picky	○	Thoughtless
○	Conscientious	○	Hard-Working	○	Planner	○	Trusting
○	Considerate	○	Helpful	○	Playful	○	Trusting
○	Consistent	○	Honest	○	Poised	○	Trustworthy
○	Cooperative	○	Honorable	○	Polite	○	Truthful
○	Courageous	○	Humble	○	Pompous	○	Unfriendly
○	Cowardly	○	Humorous	○	Powerful	○	Unruly
○	Creative	○	Imaginative	○	Pragmatic	○	Versatile
○	Cultured	○	Immaculate	○	Precise	○	Vibrant
○	Curious	○	Impartial	○	Proactive	○	Vulgar
○	Dedicated	○	Impulsive	○	Problem-Solver	○	Warm
○	Dependable	○	Independent	○	Productive	○	Wise
○	Determined	○	Inquiring	○	Punctual	○	Zealous

Name/Nicknames		Age/Birthday	Race
Height/Weight	Gender/Sexuality	Eyes	Hair color
Parents		Place of Birth	Species
Siblings		Class/Status	Education
Where they have lived		Schools Attended	
Clothes/Glasses/Scars		Spiritual Beliefs	
Occupation		Awards/Accomplishments	
Strongest personality characteristics		Favorite activities/Hobbies	
People they love		People they hate	
People they admire		Pets	Hobbies
Problems		Dreams and Ambitions	

Important role in the story

Past experiences that shaped who they are

Character Arc

Notes

○ Accountable	○ Diplomatic	○ Innovative	○ Quarrelsome
○ Adaptable	○ Disciplined	○ Intelligent	○ Reliable
○ Adventurous	○ Discreet	○ Intentional	○ Resourceful
○ Affable	○ Dishonest	○ Interested	○ Responsible
○ Alert	○ Dutiful	○ Intimate	○ Rude
○ Ambitious	○ Easygoing	○ Joyful	○ Sarcastic
○ Appropriate	○ Efficient	○ Keen	○ Self-centered
○ Arrogant	○ Empathetic	○ Knowledgeable	○ Self-confident
○ Assertive	○ Encouraging	○ Lazy	○ Self-reliant
○ Astute	○ Energetic	○ Listener	○ Sense of Humor
○ Attentive	○ Enthusiastic	○ Lively	○ Sensual
○ Authentic	○ Ethical	○ Logical	○ Serves Others
○ Boorish	○ Expressive	○ Loving	○ Sincere
○ Bossy	○ Exuberant	○ Loyal	○ Skillful
○ Bravery	○ Facilitates	○ Malicious	○ Slovenly
○ Calm	○ Fair	○ Meticulous	○ Sneaky
○ Candid	○ Fairness	○ Networker	○ Spiritual
○ Capable	○ Faithful	○ Nurturing	○ Spontaneous
○ Charismatic	○ Fearless	○ Obnoxious	○ Stable
○ Charming	○ Finicky	○ Observant	○ Stingy
○ Collaborative	○ Flexible	○ Open-Minded	○ Strong
○ Committed	○ Friendly	○ Optimistic	○ Successful
○ Communicator	○ Generative	○ Organized	○ Sullen
○ Compassionate	○ Generosity	○ Patient	○ Supportive
○ Conceited	○ Gratitude	○ Peaceful	○ Surly
○ Confident	○ Gregarious	○ Persistent	○ Tactful
○ Connected	○ Happy	○ Picky	○ Thoughtless
○ Conscientious	○ Hard-Working	○ Planner	○ Trusting
○ Considerate	○ Helpful	○ Playful	○ Trusting
○ Consistent	○ Honest	○ Poised	○ Trustworthy
○ Cooperative	○ Honorable	○ Polite	○ Truthful
○ Courageous	○ Humble	○ Pompous	○ Unfriendly
○ Cowardly	○ Humorous	○ Powerful	○ Unruly
○ Creative	○ Imaginative	○ Pragmatic	○ Versatile
○ Cultured	○ Immaculate	○ Precise	○ Vibrant
○ Curious	○ Impartial	○ Proactive	○ Vulgar
○ Dedicated	○ Impulsive	○ Problem-Solver	○ Warm
○ Dependable	○ Independent	○ Productive	○ Wise
○ Determined	○ Inquiring	○ Punctual	○ Zealous

Name/Nicknames		Age/Birthday	Race
Height/Weight	Gender/Sexuality	Eyes	Hair color
Parents		Place of Birth	Species
Siblings		Class/Status	Education
Where they have lived		Schools Attended	
Clothes/Glasses/Scars		Spiritual Beliefs	
Occupation		Awards/Accomplishments	
Strongest personality characteristics		Favorite activities/Hobbies	
People they love		People they hate	
People they admire		Pets	Hobbies
Problems		Dreams and Ambitions	

Important role in the story

Past experiences that shaped who they are

Character Arc	Notes

o Accountable	o Diplomatic	o Innovative	o Quarrelsome
o Adaptable	o Disciplined	o Intelligent	o Reliable
o Adventurous	o Discreet	o Intentional	o Resourceful
o Affable	o Dishonest	o Interested	o Responsible
o Alert	o Dutiful	o Intimate	o Rude
o Ambitious	o Easygoing	o Joyful	o Sarcastic
o Appropriate	o Efficient	o Keen	o Self-centered
o Arrogant	o Empathetic	o Knowledgeable	o Self-confident
o Assertive	o Encouraging	o Lazy	o Self-reliant
o Astute	o Energetic	o Listener	o Sense of Humor
o Attentive	o Enthusiastic	o Lively	o Sensual
o Authentic	o Ethical	o Logical	o Serves Others
o Boorish	o Expressive	o Loving	o Sincere
o Bossy	o Exuberant	o Loyal	o Skillful
o Bravery	o Facilitates	o Malicious	o Slovenly
o Calm	o Fair	o Meticulous	o Sneaky
o Candid	o Fairness	o Networker	o Spiritual
o Capable	o Faithful	o Nurturing	o Spontaneous
o Charismatic	o Fearless	o Obnoxious	o Stable
o Charming	o Finicky	o Observant	o Stingy
o Collaborative	o Flexible	o Open-Minded	o Strong
o Committed	o Friendly	o Optimistic	o Successful
o Communicator	o Generative	o Organized	o Sullen
o Compassionate	o Generosity	o Patient	o Supportive
o Conceited	o Gratitude	o Peaceful	o Surly
o Confident	o Gregarious	o Persistent	o Tactful
o Connected	o Happy	o Picky	o Thoughtless
o Conscientious	o Hard-Working	o Planner	o Trusting
o Considerate	o Helpful	o Playful	o Trusting
o Consistent	o Honest	o Poised	o Trustworthy
o Cooperative	o Honorable	o Polite	o Truthful
o Courageous	o Humble	o Pompous	o Unfriendly
o Cowardly	o Humorous	o Powerful	o Unruly
o Creative	o Imaginative	o Pragmatic	o Versatile
o Cultured	o Immaculate	o Precise	o Vibrant
o Curious	o Impartial	o Proactive	o Vulgar
o Dedicated	o Impulsive	o Problem-Solver	o Warm
o Dependable	o Independent	o Productive	o Wise
o Determined	o Inquiring	o Punctual	o Zealous

Name/Nicknames		Age/Birthday	Race
Height/Weight	Gender/Sexuality	Eyes	Hair color
Parents		Place of Birth	Species
Siblings		Class/Status	Education
Where they have lived		Schools Attended	
Clothes/Glasses/Scars		Spiritual Beliefs	
Occupation		Awards/Accomplishments	
Strongest personality characteristics		Favorite activities/Hobbies	
People they love		People they hate	
People they admire		Pets	Hobbies
Problems		Dreams and Ambitions	

Important role in the story

Past experiences that shaped who they are

Character Arc	Notes

o Accountable	o Diplomatic	o Innovative	o Quarrelsome
o Adaptable	o Disciplined	o Intelligent	o Reliable
o Adventurous	o Discreet	o Intentional	o Resourceful
o Affable	o Dishonest	o Interested	o Responsible
o Alert	o Dutiful	o Intimate	o Rude
o Ambitious	o Easygoing	o Joyful	o Sarcastic
o Appropriate	o Efficient	o Keen	o Self-centered
o Arrogant	o Empathetic	o Knowledgeable	o Self-confident
o Assertive	o Encouraging	o Lazy	o Self-reliant
o Astute	o Energetic	o Listener	o Sense of Humor
o Attentive	o Enthusiastic	o Lively	o Sensual
o Authentic	o Ethical	o Logical	o Serves Others
o Boorish	o Expressive	o Loving	o Sincere
o Bossy	o Exuberant	o Loyal	o Skillful
o Bravery	o Facilitates	o Malicious	o Slovenly
o Calm	o Fair	o Meticulous	o Sneaky
o Candid	o Fairness	o Networker	o Spiritual
o Capable	o Faithful	o Nurturing	o Spontaneous
o Charismatic	o Fearless	o Obnoxious	o Stable
o Charming	o Finicky	o Observant	o Stingy
o Collaborative	o Flexible	o Open-Minded	o Strong
o Committed	o Friendly	o Optimistic	o Successful
o Communicator	o Generative	o Organized	o Sullen
o Compassionate	o Generosity	o Patient	o Supportive
o Conceited	o Gratitude	o Peaceful	o Surly
o Confident	o Gregarious	o Persistent	o Tactful
o Connected	o Happy	o Picky	o Thoughtless
o Conscientious	o Hard-Working	o Planner	o Trusting
o Considerate	o Helpful	o Playful	o Trusting
o Consistent	o Honest	o Poised	o Trustworthy
o Cooperative	o Honorable	o Polite	o Truthful
o Courageous	o Humble	o Pompous	o Unfriendly
o Cowardly	o Humorous	o Powerful	o Unruly
o Creative	o Imaginative	o Pragmatic	o Versatile
o Cultured	o Immaculate	o Precise	o Vibrant
o Curious	o Impartial	o Proactive	o Vulgar
o Dedicated	o Impulsive	o Problem-Solver	o Warm
o Dependable	o Independent	o Productive	o Wise
o Determined	o Inquiring	o Punctual	o Zealous

Name/Nicknames		Age/Birthday	Race
Height/Weight	Gender/Sexuality	Eyes	Hair color
Parents		Place of Birth	Species
Siblings		Class/Status	Education
Where they have lived		Schools Attended	
Clothes/Glasses/Scars		Spiritual Beliefs	
Occupation		Awards/Accomplishments	
Strongest personality characteristics		Favorite activities/Hobbies	
People they love		People they hate	
People they admire		Pets	Hobbies
Problems		Dreams and Ambitions	

Important role in the story			

Past experiences that shaped who they are			

Character Arc		Notes	

o Accountable	o Diplomatic	o Innovative	o Quarrelsome
o Adaptable	o Disciplined	o Intelligent	o Reliable
o Adventurous	o Discreet	o Intentional	o Resourceful
o Affable	o Dishonest	o Interested	o Responsible
o Alert	o Dutiful	o Intimate	o Rude
o Ambitious	o Easygoing	o Joyful	o Sarcastic
o Appropriate	o Efficient	o Keen	o Self-centered
o Arrogant	o Empathetic	o Knowledgeable	o Self-confident
o Assertive	o Encouraging	o Lazy	o Self-reliant
o Astute	o Energetic	o Listener	o Sense of Humor
o Attentive	o Enthusiastic	o Lively	o Sensual
o Authentic	o Ethical	o Logical	o Serves Others
o Boorish	o Expressive	o Loving	o Sincere
o Bossy	o Exuberant	o Loyal	o Skillful
o Bravery	o Facilitates	o Malicious	o Slovenly
o Calm	o Fair	o Meticulous	o Sneaky
o Candid	o Fairness	o Networker	o Spiritual
o Capable	o Faithful	o Nurturing	o Spontaneous
o Charismatic	o Fearless	o Obnoxious	o Stable
o Charming	o Finicky	o Observant	o Stingy
o Collaborative	o Flexible	o Open-Minded	o Strong
o Committed	o Friendly	o Optimistic	o Successful
o Communicator	o Generative	o Organized	o Sullen
o Compassionate	o Generosity	o Patient	o Supportive
o Conceited	o Gratitude	o Peaceful	o Surly
o Confident	o Gregarious	o Persistent	o Tactful
o Connected	o Happy	o Picky	o Thoughtless
o Conscientious	o Hard-Working	o Planner	o Trusting
o Considerate	o Helpful	o Playful	o Trusting
o Consistent	o Honest	o Poised	o Trustworthy
o Cooperative	o Honorable	o Polite	o Truthful
o Courageous	o Humble	o Pompous	o Unfriendly
o Cowardly	o Humorous	o Powerful	o Unruly
o Creative	o Imaginative	o Pragmatic	o Versatile
o Cultured	o Immaculate	o Precise	o Vibrant
o Curious	o Impartial	o Proactive	o Vulgar
o Dedicated	o Impulsive	o Problem-Solver	o Warm
o Dependable	o Independent	o Productive	o Wise
o Determined	o Inquiring	o Punctual	o Zealous

Name/Nicknames		Age/Birthday	Race
Height/Weight	Gender/Sexuality	Eyes	Hair color
Parents		Place of Birth	Species
Siblings		Class/Status	Education
Where they have lived		Schools Attended	
Clothes/Glasses/Scars		Spiritual Beliefs	
Occupation		Awards/Accomplishments	
Strongest personality characteristics		Favorite activities/Hobbies	
People they love		People they hate	
People they admire		Pets	Hobbies
Problems		Dreams and Ambitions	

Important role in the story

Past experiences that shaped who they are

Character Arc	Notes

o Accountable	o Diplomatic	o Innovative	o Quarrelsome
o Adaptable	o Disciplined	o Intelligent	o Reliable
o Adventurous	o Discreet	o Intentional	o Resourceful
o Affable	o Dishonest	o Interested	o Responsible
o Alert	o Dutiful	o Intimate	o Rude
o Ambitious	o Easygoing	o Joyful	o Sarcastic
o Appropriate	o Efficient	o Keen	o Self-centered
o Arrogant	o Empathetic	o Knowledgeable	o Self-confident
o Assertive	o Encouraging	o Lazy	o Self-reliant
o Astute	o Energetic	o Listener	o Sense of Humor
o Attentive	o Enthusiastic	o Lively	o Sensual
o Authentic	o Ethical	o Logical	o Serves Others
o Boorish	o Expressive	o Loving	o Sincere
o Bossy	o Exuberant	o Loyal	o Skillful
o Bravery	o Facilitates	o Malicious	o Slovenly
o Calm	o Fair	o Meticulous	o Sneaky
o Candid	o Fairness	o Networker	o Spiritual
o Capable	o Faithful	o Nurturing	o Spontaneous
o Charismatic	o Fearless	o Obnoxious	o Stable
o Charming	o Finicky	o Observant	o Stingy
o Collaborative	o Flexible	o Open-Minded	o Strong
o Committed	o Friendly	o Optimistic	o Successful
o Communicator	o Generative	o Organized	o Sullen
o Compassionate	o Generosity	o Patient	o Supportive
o Conceited	o Gratitude	o Peaceful	o Surly
o Confident	o Gregarious	o Persistent	o Tactful
o Connected	o Happy	o Picky	o Thoughtless
o Conscientious	o Hard-Working	o Planner	o Trusting
o Considerate	o Helpful	o Playful	o Trusting
o Consistent	o Honest	o Poised	o Trustworthy
o Cooperative	o Honorable	o Polite	o Truthful
o Courageous	o Humble	o Pompous	o Unfriendly
o Cowardly	o Humorous	o Powerful	o Unruly
o Creative	o Imaginative	o Pragmatic	o Versatile
o Cultured	o Immaculate	o Precise	o Vibrant
o Curious	o Impartial	o Proactive	o Vulgar
o Dedicated	o Impulsive	o Problem-Solver	o Warm
o Dependable	o Independent	o Productive	o Wise
o Determined	o Inquiring	o Punctual	o Zealous

Name/Nicknames		Age/Birthday	Race
Height/Weight	Gender/Sexuality	Eyes	Hair color
Parents		Place of Birth	Species
Siblings		Class/Status	Education
Where they have lived		Schools Attended	
Clothes/Glasses/Scars		Spiritual Beliefs	
Occupation		Awards/Accomplishments	
Strongest personality characteristics		Favorite activities/Hobbies	
People they love		People they hate	
People they admire		Pets	Hobbies
Problems		Dreams and Ambitions	

Important role in the story

Past experiences that shaped who they are

Character Arc	Notes

o	Accountable	o	Diplomatic	o	Innovative	o	Quarrelsome
o	Adaptable	o	Disciplined	o	Intelligent	o	Reliable
o	Adventurous	o	Discreet	o	Intentional	o	Resourceful
o	Affable	o	Dishonest	o	Interested	o	Responsible
o	Alert	o	Dutiful	o	Intimate	o	Rude
o	Ambitious	o	Easygoing	o	Joyful	o	Sarcastic
o	Appropriate	o	Efficient	o	Keen	o	Self-centered
o	Arrogant	o	Empathetic	o	Knowledgeable	o	Self-confident
o	Assertive	o	Encouraging	o	Lazy	o	Self-reliant
o	Astute	o	Energetic	o	Listener	o	Sense of Humor
o	Attentive	o	Enthusiastic	o	Lively	o	Sensual
o	Authentic	o	Ethical	o	Logical	o	Serves Others
o	Boorish	o	Expressive	o	Loving	o	Sincere
o	Bossy	o	Exuberant	o	Loyal	o	Skillful
o	Bravery	o	Facilitates	o	Malicious	o	Slovenly
o	Calm	o	Fair	o	Meticulous	o	Sneaky
o	Candid	o	Fairness	o	Networker	o	Spiritual
o	Capable	o	Faithful	o	Nurturing	o	Spontaneous
o	Charismatic	o	Fearless	o	Obnoxious	o	Stable
o	Charming	o	Finicky	o	Observant	o	Stingy
o	Collaborative	o	Flexible	o	Open-Minded	o	Strong
o	Committed	o	Friendly	o	Optimistic	o	Successful
o	Communicator	o	Generative	o	Organized	o	Sullen
o	Compassionate	o	Generosity	o	Patient	o	Supportive
o	Conceited	o	Gratitude	o	Peaceful	o	Surly
o	Confident	o	Gregarious	o	Persistent	o	Tactful
o	Connected	o	Happy	o	Picky	o	Thoughtless
o	Conscientious	o	Hard-Working	o	Planner	o	Trusting
o	Considerate	o	Helpful	o	Playful	o	Trusting
o	Consistent	o	Honest	o	Poised	o	Trustworthy
o	Cooperative	o	Honorable	o	Polite	o	Truthful
o	Courageous	o	Humble	o	Pompous	o	Unfriendly
o	Cowardly	o	Humorous	o	Powerful	o	Unruly
o	Creative	o	Imaginative	o	Pragmatic	o	Versatile
o	Cultured	o	Immaculate	o	Precise	o	Vibrant
o	Curious	o	Impartial	o	Proactive	o	Vulgar
o	Dedicated	o	Impulsive	o	Problem-Solver	o	Warm
o	Dependable	o	Independent	o	Productive	o	Wise
o	Determined	o	Inquiring	o	Punctual	o	Zealous

Name/Nicknames		Age/Birthday	Race
Height/Weight	Gender/Sexuality	Eyes	Hair color
Parents		Place of Birth	Species
Siblings		Class/Status	Education
Where they have lived		Schools Attended	
Clothes/Glasses/Scars		Spiritual Beliefs	
Occupation		Awards/Accomplishments	
Strongest personality characteristics		Favorite activities/Hobbies	
People they love		People they hate	
People they admire		Pets	Hobbies
Problems		Dreams and Ambitions	

Important role in the story	

Past experiences that shaped who they are	

Character Arc	Notes

○ Accountable	○ Diplomatic	○ Innovative	○ Quarrelsome
○ Adaptable	○ Disciplined	○ Intelligent	○ Reliable
○ Adventurous	○ Discreet	○ Intentional	○ Resourceful
○ Affable	○ Dishonest	○ Interested	○ Responsible
○ Alert	○ Dutiful	○ Intimate	○ Rude
○ Ambitious	○ Easygoing	○ Joyful	○ Sarcastic
○ Appropriate	○ Efficient	○ Keen	○ Self-centered
○ Arrogant	○ Empathetic	○ Knowledgeable	○ Self-confident
○ Assertive	○ Encouraging	○ Lazy	○ Self-reliant
○ Astute	○ Energetic	○ Listener	○ Sense of Humor
○ Attentive	○ Enthusiastic	○ Lively	○ Sensual
○ Authentic	○ Ethical	○ Logical	○ Serves Others
○ Boorish	○ Expressive	○ Loving	○ Sincere
○ Bossy	○ Exuberant	○ Loyal	○ Skillful
○ Bravery	○ Facilitates	○ Malicious	○ Slovenly
○ Calm	○ Fair	○ Meticulous	○ Sneaky
○ Candid	○ Fairness	○ Networker	○ Spiritual
○ Capable	○ Faithful	○ Nurturing	○ Spontaneous
○ Charismatic	○ Fearless	○ Obnoxious	○ Stable
○ Charming	○ Finicky	○ Observant	○ Stingy
○ Collaborative	○ Flexible	○ Open-Minded	○ Strong
○ Committed	○ Friendly	○ Optimistic	○ Successful
○ Communicator	○ Generative	○ Organized	○ Sullen
○ Compassionate	○ Generosity	○ Patient	○ Supportive
○ Conceited	○ Gratitude	○ Peaceful	○ Surly
○ Confident	○ Gregarious	○ Persistent	○ Tactful
○ Connected	○ Happy	○ Picky	○ Thoughtless
○ Conscientious	○ Hard-Working	○ Planner	○ Trusting
○ Considerate	○ Helpful	○ Playful	○ Trusting
○ Consistent	○ Honest	○ Poised	○ Trustworthy
○ Cooperative	○ Honorable	○ Polite	○ Truthful
○ Courageous	○ Humble	○ Pompous	○ Unfriendly
○ Cowardly	○ Humorous	○ Powerful	○ Unruly
○ Creative	○ Imaginative	○ Pragmatic	○ Versatile
○ Cultured	○ Immaculate	○ Precise	○ Vibrant
○ Curious	○ Impartial	○ Proactive	○ Vulgar
○ Dedicated	○ Impulsive	○ Problem-Solver	○ Warm
○ Dependable	○ Independent	○ Productive	○ Wise
○ Determined	○ Inquiring	○ Punctual	○ Zealous

Name/Nicknames		Age/Birthday	Race
Height/Weight	Gender/Sexuality	Eyes	Hair color
Parents		Place of Birth	Species
Siblings		Class/Status	Education

Where they have lived	Schools Attended
Clothes/Glasses/Scars	Spiritual Beliefs
Occupation	Awards/Accomplishments
Strongest personality characteristics	Favorite activities/Hobbies
People they love	People they hate

People they admire	Pets	Hobbies

Problems	Dreams and Ambitions

Important role in the story	
Past experiences that shaped who they are	

Character Arc	Notes

o	Accountable	o	Diplomatic	o	Innovative	o	Quarrelsome
o	Adaptable	o	Disciplined	o	Intelligent	o	Reliable
o	Adventurous	o	Discreet	o	Intentional	o	Resourceful
o	Affable	o	Dishonest	o	Interested	o	Responsible
o	Alert	o	Dutiful	o	Intimate	o	Rude
o	Ambitious	o	Easygoing	o	Joyful	o	Sarcastic
o	Appropriate	o	Efficient	o	Keen	o	Self-centered
o	Arrogant	o	Empathetic	o	Knowledgeable	o	Self-confident
o	Assertive	o	Encouraging	o	Lazy	o	Self-reliant
o	Astute	o	Energetic	o	Listener	o	Sense of Humor
o	Attentive	o	Enthusiastic	o	Lively	o	Sensual
o	Authentic	o	Ethical	o	Logical	o	Serves Others
o	Boorish	o	Expressive	o	Loving	o	Sincere
o	Bossy	o	Exuberant	o	Loyal	o	Skillful
o	Bravery	o	Facilitates	o	Malicious	o	Slovenly
o	Calm	o	Fair	o	Meticulous	o	Sneaky
o	Candid	o	Fairness	o	Networker	o	Spiritual
o	Capable	o	Faithful	o	Nurturing	o	Spontaneous
o	Charismatic	o	Fearless	o	Obnoxious	o	Stable
o	Charming	o	Finicky	o	Observant	o	Stingy
o	Collaborative	o	Flexible	o	Open-Minded	o	Strong
o	Committed	o	Friendly	o	Optimistic	o	Successful
o	Communicator	o	Generative	o	Organized	o	Sullen
o	Compassionate	o	Generosity	o	Patient	o	Supportive
o	Conceited	o	Gratitude	o	Peaceful	o	Surly
o	Confident	o	Gregarious	o	Persistent	o	Tactful
o	Connected	o	Happy	o	Picky	o	Thoughtless
o	Conscientious	o	Hard-Working	o	Planner	o	Trusting
o	Considerate	o	Helpful	o	Playful	o	Trusting
o	Consistent	o	Honest	o	Poised	o	Trustworthy
o	Cooperative	o	Honorable	o	Polite	o	Truthful
o	Courageous	o	Humble	o	Pompous	o	Unfriendly
o	Cowardly	o	Humorous	o	Powerful	o	Unruly
o	Creative	o	Imaginative	o	Pragmatic	o	Versatile
o	Cultured	o	Immaculate	o	Precise	o	Vibrant
o	Curious	o	Impartial	o	Proactive	o	Vulgar
o	Dedicated	o	Impulsive	o	Problem-Solver	o	Warm
o	Dependable	o	Independent	o	Productive	o	Wise
o	Determined	o	Inquiring	o	Punctual	o	Zealous

Name/Nicknames		Age/Birthday	Race
Height/Weight	Gender/Sexuality	Eyes	Hair color
Parents		Place of Birth	Species
Siblings		Class/Status	Education
Where they have lived		Schools Attended	
Clothes/Glasses/Scars		Spiritual Beliefs	
Occupation		Awards/Accomplishments	
Strongest personality characteristics		Favorite activities/Hobbies	
People they love		People they hate	
People they admire		Pets	Hobbies
Problems		Dreams and Ambitions	

Important role in the story	
Past experiences that shaped who they are	

Character Arc	Notes

o	Accountable	o	Diplomatic	o	Innovative	o	Quarrelsome
o	Adaptable	o	Disciplined	o	Intelligent	o	Reliable
o	Adventurous	o	Discreet	o	Intentional	o	Resourceful
o	Affable	o	Dishonest	o	Interested	o	Responsible
o	Alert	o	Dutiful	o	Intimate	o	Rude
o	Ambitious	o	Easygoing	o	Joyful	o	Sarcastic
o	Appropriate	o	Efficient	o	Keen	o	Self-centered
o	Arrogant	o	Empathetic	o	Knowledgeable	o	Self-confident
o	Assertive	o	Encouraging	o	Lazy	o	Self-reliant
o	Astute	o	Energetic	o	Listener	o	Sense of Humor
o	Attentive	o	Enthusiastic	o	Lively	o	Sensual
o	Authentic	o	Ethical	o	Logical	o	Serves Others
o	Boorish	o	Expressive	o	Loving	o	Sincere
o	Bossy	o	Exuberant	o	Loyal	o	Skillful
o	Bravery	o	Facilitates	o	Malicious	o	Slovenly
o	Calm	o	Fair	o	Meticulous	o	Sneaky
o	Candid	o	Fairness	o	Networker	o	Spiritual
o	Capable	o	Faithful	o	Nurturing	o	Spontaneous
o	Charismatic	o	Fearless	o	Obnoxious	o	Stable
o	Charming	o	Finicky	o	Observant	o	Stingy
o	Collaborative	o	Flexible	o	Open-Minded	o	Strong
o	Committed	o	Friendly	o	Optimistic	o	Successful
o	Communicator	o	Generative	o	Organized	o	Sullen
o	Compassionate	o	Generosity	o	Patient	o	Supportive
o	Conceited	o	Gratitude	o	Peaceful	o	Surly
o	Confident	o	Gregarious	o	Persistent	o	Tactful
o	Connected	o	Happy	o	Picky	o	Thoughtless
o	Conscientious	o	Hard-Working	o	Planner	o	Trusting
o	Considerate	o	Helpful	o	Playful	o	Trusting
o	Consistent	o	Honest	o	Poised	o	Trustworthy
o	Cooperative	o	Honorable	o	Polite	o	Truthful
o	Courageous	o	Humble	o	Pompous	o	Unfriendly
o	Cowardly	o	Humorous	o	Powerful	o	Unruly
o	Creative	o	Imaginative	o	Pragmatic	o	Versatile
o	Cultured	o	Immaculate	o	Precise	o	Vibrant
o	Curious	o	Impartial	o	Proactive	o	Vulgar
o	Dedicated	o	Impulsive	o	Problem-Solver	o	Warm
o	Dependable	o	Independent	o	Productive	o	Wise
o	Determined	o	Inquiring	o	Punctual	o	Zealous

Name/Nicknames		Age/Birthday	Race
Height/Weight	Gender/Sexuality	Eyes	Hair color
Parents		Place of Birth	Species
Siblings		Class/Status	Education
Where they have lived		Schools Attended	
Clothes/Glasses/Scars		Spiritual Beliefs	
Occupation		Awards/Accomplishments	
Strongest personality characteristics		Favorite activities/Hobbies	
People they love		People they hate	
People they admire		Pets	Hobbies
Problems		Dreams and Ambitions	

Important role in the story						

Past experiences that shaped who they are						

Character Arc		**Notes**	

o	Accountable	o	Diplomatic	o	Innovative	o	Quarrelsome
o	Adaptable	o	Disciplined	o	Intelligent	o	Reliable
o	Adventurous	o	Discreet	o	Intentional	o	Resourceful
o	Affable	o	Dishonest	o	Interested	o	Responsible
o	Alert	o	Dutiful	o	Intimate	o	Rude
o	Ambitious	o	Easygoing	o	Joyful	o	Sarcastic
o	Appropriate	o	Efficient	o	Keen	o	Self-centered
o	Arrogant	o	Empathetic	o	Knowledgeable	o	Self-confident
o	Assertive	o	Encouraging	o	Lazy	o	Self-reliant
o	Astute	o	Energetic	o	Listener	o	Sense of Humor
o	Attentive	o	Enthusiastic	o	Lively	o	Sensual
o	Authentic	o	Ethical	o	Logical	o	Serves Others
o	Boorish	o	Expressive	o	Loving	o	Sincere
o	Bossy	o	Exuberant	o	Loyal	o	Skillful
o	Bravery	o	Facilitates	o	Malicious	o	Slovenly
o	Calm	o	Fair	o	Meticulous	o	Sneaky
o	Candid	o	Fairness	o	Networker	o	Spiritual
o	Capable	o	Faithful	o	Nurturing	o	Spontaneous
o	Charismatic	o	Fearless	o	Obnoxious	o	Stable
o	Charming	o	Finicky	o	Observant	o	Stingy
o	Collaborative	o	Flexible	o	Open-Minded	o	Strong
o	Committed	o	Friendly	o	Optimistic	o	Successful
o	Communicator	o	Generative	o	Organized	o	Sullen
o	Compassionate	o	Generosity	o	Patient	o	Supportive
o	Conceited	o	Gratitude	o	Peaceful	o	Surly
o	Confident	o	Gregarious	o	Persistent	o	Tactful
o	Connected	o	Happy	o	Picky	o	Thoughtless
o	Conscientious	o	Hard-Working	o	Planner	o	Trusting
o	Considerate	o	Helpful	o	Playful	o	Trusting
o	Consistent	o	Honest	o	Poised	o	Trustworthy
o	Cooperative	o	Honorable	o	Polite	o	Truthful
o	Courageous	o	Humble	o	Pompous	o	Unfriendly
o	Cowardly	o	Humorous	o	Powerful	o	Unruly
o	Creative	o	Imaginative	o	Pragmatic	o	Versatile
o	Cultured	o	Immaculate	o	Precise	o	Vibrant
o	Curious	o	Impartial	o	Proactive	o	Vulgar
o	Dedicated	o	Impulsive	o	Problem-Solver	o	Warm
o	Dependable	o	Independent	o	Productive	o	Wise
o	Determined	o	Inquiring	o	Punctual	o	Zealous

Name/Nicknames		Age/Birthday	Race
Height/Weight	Gender/Sexuality	Eyes	Hair color
Parents		Place of Birth	Species
Siblings		Class/Status	Education
Where they have lived		Schools Attended	
Clothes/Glasses/Scars		Spiritual Beliefs	
Occupation		Awards/Accomplishments	
Strongest personality characteristics		Favorite activities/Hobbies	
People they love		People they hate	
People they admire		Pets	Hobbies
Problems		Dreams and Ambitions	

Important role in the story			
Past experiences that shaped who they are			
Character Arc		**Notes**	

o Accountable	o Diplomatic	o Innovative	o Quarrelsome
o Adaptable	o Disciplined	o Intelligent	o Reliable
o Adventurous	o Discreet	o Intentional	o Resourceful
o Affable	o Dishonest	o Interested	o Responsible
o Alert	o Dutiful	o Intimate	o Rude
o Ambitious	o Easygoing	o Joyful	o Sarcastic
o Appropriate	o Efficient	o Keen	o Self-centered
o Arrogant	o Empathetic	o Knowledgeable	o Self-confident
o Assertive	o Encouraging	o Lazy	o Self-reliant
o Astute	o Energetic	o Listener	o Sense of Humor
o Attentive	o Enthusiastic	o Lively	o Sensual
o Authentic	o Ethical	o Logical	o Serves Others
o Boorish	o Expressive	o Loving	o Sincere
o Bossy	o Exuberant	o Loyal	o Skillful
o Bravery	o Facilitates	o Malicious	o Slovenly
o Calm	o Fair	o Meticulous	o Sneaky
o Candid	o Fairness	o Networker	o Spiritual
o Capable	o Faithful	o Nurturing	o Spontaneous
o Charismatic	o Fearless	o Obnoxious	o Stable
o Charming	o Finicky	o Observant	o Stingy
o Collaborative	o Flexible	o Open-Minded	o Strong
o Committed	o Friendly	o Optimistic	o Successful
o Communicator	o Generative	o Organized	o Sullen
o Compassionate	o Generosity	o Patient	o Supportive
o Conceited	o Gratitude	o Peaceful	o Surly
o Confident	o Gregarious	o Persistent	o Tactful
o Connected	o Happy	o Picky	o Thoughtless
o Conscientious	o Hard-Working	o Planner	o Trusting
o Considerate	o Helpful	o Playful	o Trusting
o Consistent	o Honest	o Poised	o Trustworthy
o Cooperative	o Honorable	o Polite	o Truthful
o Courageous	o Humble	o Pompous	o Unfriendly
o Cowardly	o Humorous	o Powerful	o Unruly
o Creative	o Imaginative	o Pragmatic	o Versatile
o Cultured	o Immaculate	o Precise	o Vibrant
o Curious	o Impartial	o Proactive	o Vulgar
o Dedicated	o Impulsive	o Problem-Solver	o Warm
o Dependable	o Independent	o Productive	o Wise
o Determined	o Inquiring	o Punctual	o Zealous

Name/Nicknames		Age/Birthday	Race
Height/Weight	Gender/Sexuality	Eyes	Hair color
Parents		Place of Birth	Species
Siblings		Class/Status	Education
Where they have lived		Schools Attended	
Clothes/Glasses/Scars		Spiritual Beliefs	
Occupation		Awards/Accomplishments	
Strongest personality characteristics		Favorite activities/Hobbies	
People they love		People they hate	
People they admire		Pets	Hobbies
Problems		Dreams and Ambitions	

Important role in the story

Past experiences that shaped who they are

Character Arc

Notes

o Accountable	o Diplomatic	o Innovative	o Quarrelsome
o Adaptable	o Disciplined	o Intelligent	o Reliable
o Adventurous	o Discreet	o Intentional	o Resourceful
o Affable	o Dishonest	o Interested	o Responsible
o Alert	o Dutiful	o Intimate	o Rude
o Ambitious	o Easygoing	o Joyful	o Sarcastic
o Appropriate	o Efficient	o Keen	o Self-centered
o Arrogant	o Empathetic	o Knowledgeable	o Self-confident
o Assertive	o Encouraging	o Lazy	o Self-reliant
o Astute	o Energetic	o Listener	o Sense of Humor
o Attentive	o Enthusiastic	o Lively	o Sensual
o Authentic	o Ethical	o Logical	o Serves Others
o Boorish	o Expressive	o Loving	o Sincere
o Bossy	o Exuberant	o Loyal	o Skillful
o Bravery	o Facilitates	o Malicious	o Slovenly
o Calm	o Fair	o Meticulous	o Sneaky
o Candid	o Fairness	o Networker	o Spiritual
o Capable	o Faithful	o Nurturing	o Spontaneous
o Charismatic	o Fearless	o Obnoxious	o Stable
o Charming	o Finicky	o Observant	o Stingy
o Collaborative	o Flexible	o Open-Minded	o Strong
o Committed	o Friendly	o Optimistic	o Successful
o Communicator	o Generative	o Organized	o Sullen
o Compassionate	o Generosity	o Patient	o Supportive
o Conceited	o Gratitude	o Peaceful	o Surly
o Confident	o Gregarious	o Persistent	o Tactful
o Connected	o Happy	o Picky	o Thoughtless
o Conscientious	o Hard-Working	o Planner	o Trusting
o Considerate	o Helpful	o Playful	o Trusting
o Consistent	o Honest	o Poised	o Trustworthy
o Cooperative	o Honorable	o Polite	o Truthful
o Courageous	o Humble	o Pompous	o Unfriendly
o Cowardly	o Humorous	o Powerful	o Unruly
o Creative	o Imaginative	o Pragmatic	o Versatile
o Cultured	o Immaculate	o Precise	o Vibrant
o Curious	o Impartial	o Proactive	o Vulgar
o Dedicated	o Impulsive	o Problem-Solver	o Warm
o Dependable	o Independent	o Productive	o Wise
o Determined	o Inquiring	o Punctual	o Zealous

Name/Nicknames		Age/Birthday	Race
Height/Weight	Gender/Sexuality	Eyes	Hair color
Parents		Place of Birth	Species
Siblings		Class/Status	Education
Where they have lived		Schools Attended	
Clothes/Glasses/Scars		Spiritual Beliefs	
Occupation		Awards/Accomplishments	
Strongest personality characteristics		Favorite activities/Hobbies	
People they love		People they hate	
People they admire		Pets	Hobbies
Problems		Dreams and Ambitions	

Important role in the story	

Past experiences that shaped who they are	

Character Arc	Notes

o	Accountable	o	Diplomatic	o	Innovative	o	Quarrelsome
o	Adaptable	o	Disciplined	o	Intelligent	o	Reliable
o	Adventurous	o	Discreet	o	Intentional	o	Resourceful
o	Affable	o	Dishonest	o	Interested	o	Responsible
o	Alert	o	Dutiful	o	Intimate	o	Rude
o	Ambitious	o	Easygoing	o	Joyful	o	Sarcastic
o	Appropriate	o	Efficient	o	Keen	o	Self-centered
o	Arrogant	o	Empathetic	o	Knowledgeable	o	Self-confident
o	Assertive	o	Encouraging	o	Lazy	o	Self-reliant
o	Astute	o	Energetic	o	Listener	o	Sense of Humor
o	Attentive	o	Enthusiastic	o	Lively	o	Sensual
o	Authentic	o	Ethical	o	Logical	o	Serves Others
o	Boorish	o	Expressive	o	Loving	o	Sincere
o	Bossy	o	Exuberant	o	Loyal	o	Skillful
o	Bravery	o	Facilitates	o	Malicious	o	Slovenly
o	Calm	o	Fair	o	Meticulous	o	Sneaky
o	Candid	o	Fairness	o	Networker	o	Spiritual
o	Capable	o	Faithful	o	Nurturing	o	Spontaneous
o	Charismatic	o	Fearless	o	Obnoxious	o	Stable
o	Charming	o	Finicky	o	Observant	o	Stingy
o	Collaborative	o	Flexible	o	Open-Minded	o	Strong
o	Committed	o	Friendly	o	Optimistic	o	Successful
o	Communicator	o	Generative	o	Organized	o	Sullen
o	Compassionate	o	Generosity	o	Patient	o	Supportive
o	Conceited	o	Gratitude	o	Peaceful	o	Surly
o	Confident	o	Gregarious	o	Persistent	o	Tactful
o	Connected	o	Happy	o	Picky	o	Thoughtless
o	Conscientious	o	Hard-Working	o	Planner	o	Trusting
o	Considerate	o	Helpful	o	Playful	o	Trusting
o	Consistent	o	Honest	o	Poised	o	Trustworthy
o	Cooperative	o	Honorable	o	Polite	o	Truthful
o	Courageous	o	Humble	o	Pompous	o	Unfriendly
o	Cowardly	o	Humorous	o	Powerful	o	Unruly
o	Creative	o	Imaginative	o	Pragmatic	o	Versatile
o	Cultured	o	Immaculate	o	Precise	o	Vibrant
o	Curious	o	Impartial	o	Proactive	o	Vulgar
o	Dedicated	o	Impulsive	o	Problem-Solver	o	Warm
o	Dependable	o	Independent	o	Productive	o	Wise
o	Determined	o	Inquiring	o	Punctual	o	Zealous

Name/Nicknames		Age/Birthday	Race
Height/Weight	Gender/Sexuality	Eyes	Hair color
Parents		Place of Birth	Species
Siblings		Class/Status	Education
Where they have lived		Schools Attended	
Clothes/Glasses/Scars		Spiritual Beliefs	
Occupation		Awards/Accomplishments	
Strongest personality characteristics		Favorite activities/Hobbies	
People they love		People they hate	
People they admire		Pets	Hobbies
Problems		Dreams and Ambitions	

Important role in the story

Past experiences that shaped who they are

Character Arc

Notes

o Accountable	o Diplomatic	o Innovative	o Quarrelsome
o Adaptable	o Disciplined	o Intelligent	o Reliable
o Adventurous	o Discreet	o Intentional	o Resourceful
o Affable	o Dishonest	o Interested	o Responsible
o Alert	o Dutiful	o Intimate	o Rude
o Ambitious	o Easygoing	o Joyful	o Sarcastic
o Appropriate	o Efficient	o Keen	o Self-centered
o Arrogant	o Empathetic	o Knowledgeable	o Self-confident
o Assertive	o Encouraging	o Lazy	o Self-reliant
o Astute	o Energetic	o Listener	o Sense of Humor
o Attentive	o Enthusiastic	o Lively	o Sensual
o Authentic	o Ethical	o Logical	o Serves Others
o Boorish	o Expressive	o Loving	o Sincere
o Bossy	o Exuberant	o Loyal	o Skillful
o Bravery	o Facilitates	o Malicious	o Slovenly
o Calm	o Fair	o Meticulous	o Sneaky
o Candid	o Fairness	o Networker	o Spiritual
o Capable	o Faithful	o Nurturing	o Spontaneous
o Charismatic	o Fearless	o Obnoxious	o Stable
o Charming	o Finicky	o Observant	o Stingy
o Collaborative	o Flexible	o Open-Minded	o Strong
o Committed	o Friendly	o Optimistic	o Successful
o Communicator	o Generative	o Organized	o Sullen
o Compassionate	o Generosity	o Patient	o Supportive
o Conceited	o Gratitude	o Peaceful	o Surly
o Confident	o Gregarious	o Persistent	o Tactful
o Connected	o Happy	o Picky	o Thoughtless
o Conscientious	o Hard-Working	o Planner	o Trusting
o Considerate	o Helpful	o Playful	o Trusting
o Consistent	o Honest	o Poised	o Trustworthy
o Cooperative	o Honorable	o Polite	o Truthful
o Courageous	o Humble	o Pompous	o Unfriendly
o Cowardly	o Humorous	o Powerful	o Unruly
o Creative	o Imaginative	o Pragmatic	o Versatile
o Cultured	o Immaculate	o Precise	o Vibrant
o Curious	o Impartial	o Proactive	o Vulgar
o Dedicated	o Impulsive	o Problem-Solver	o Warm
o Dependable	o Independent	o Productive	o Wise
o Determined	o Inquiring	o Punctual	o Zealous

Name/Nicknames		Age/Birthday	Race
Height/Weight	Gender/Sexuality	Eyes	Hair color
Parents		Place of Birth	Species
Siblings		Class/Status	Education
Where they have lived		Schools Attended	
Clothes/Glasses/Scars		Spiritual Beliefs	
Occupation		Awards/Accomplishments	
Strongest personality characteristics		Favorite activities/Hobbies	
People they love		People they hate	
People they admire		Pets	Hobbies
Problems		Dreams and Ambitions	

Important role in the story	
Past experiences that shaped who they are	

Character Arc	Notes

o	Accountable	o	Diplomatic	o	Innovative	o	Quarrelsome
o	Adaptable	o	Disciplined	o	Intelligent	o	Reliable
o	Adventurous	o	Discreet	o	Intentional	o	Resourceful
o	Affable	o	Dishonest	o	Interested	o	Responsible
o	Alert	o	Dutiful	o	Intimate	o	Rude
o	Ambitious	o	Easygoing	o	Joyful	o	Sarcastic
o	Appropriate	o	Efficient	o	Keen	o	Self-centered
o	Arrogant	o	Empathetic	o	Knowledgeable	o	Self-confident
o	Assertive	o	Encouraging	o	Lazy	o	Self-reliant
o	Astute	o	Energetic	o	Listener	o	Sense of Humor
o	Attentive	o	Enthusiastic	o	Lively	o	Sensual
o	Authentic	o	Ethical	o	Logical	o	Serves Others
o	Boorish	o	Expressive	o	Loving	o	Sincere
o	Bossy	o	Exuberant	o	Loyal	o	Skillful
o	Bravery	o	Facilitates	o	Malicious	o	Slovenly
o	Calm	o	Fair	o	Meticulous	o	Sneaky
o	Candid	o	Fairness	o	Networker	o	Spiritual
o	Capable	o	Faithful	o	Nurturing	o	Spontaneous
o	Charismatic	o	Fearless	o	Obnoxious	o	Stable
o	Charming	o	Finicky	o	Observant	o	Stingy
o	Collaborative	o	Flexible	o	Open-Minded	o	Strong
o	Committed	o	Friendly	o	Optimistic	o	Successful
o	Communicator	o	Generative	o	Organized	o	Sullen
o	Compassionate	o	Generosity	o	Patient	o	Supportive
o	Conceited	o	Gratitude	o	Peaceful	o	Surly
o	Confident	o	Gregarious	o	Persistent	o	Tactful
o	Connected	o	Happy	o	Picky	o	Thoughtless
o	Conscientious	o	Hard-Working	o	Planner	o	Trusting
o	Considerate	o	Helpful	o	Playful	o	Trusting
o	Consistent	o	Honest	o	Poised	o	Trustworthy
o	Cooperative	o	Honorable	o	Polite	o	Truthful
o	Courageous	o	Humble	o	Pompous	o	Unfriendly
o	Cowardly	o	Humorous	o	Powerful	o	Unruly
o	Creative	o	Imaginative	o	Pragmatic	o	Versatile
o	Cultured	o	Immaculate	o	Precise	o	Vibrant
o	Curious	o	Impartial	o	Proactive	o	Vulgar
o	Dedicated	o	Impulsive	o	Problem-Solver	o	Warm
o	Dependable	o	Independent	o	Productive	o	Wise
o	Determined	o	Inquiring	o	Punctual	o	Zealous

Name/Nicknames		Age/Birthday	Race
Height/Weight	Gender/Sexuality	Eyes	Hair color
Parents		Place of Birth	Species
Siblings		Class/Status	Education
Where they have lived		Schools Attended	
Clothes/Glasses/Scars		Spiritual Beliefs	
Occupation		Awards/Accomplishments	
Strongest personality characteristics		Favorite activities/Hobbies	
People they love		People they hate	
People they admire		Pets	Hobbies
Problems		Dreams and Ambitions	

Important role in the story			

Past experiences that shaped who they are

Character Arc	**Notes**

o	Accountable	o	Diplomatic	o	Innovative	o	Quarrelsome
o	Adaptable	o	Disciplined	o	Intelligent	o	Reliable
o	Adventurous	o	Discreet	o	Intentional	o	Resourceful
o	Affable	o	Dishonest	o	Interested	o	Responsible
o	Alert	o	Dutiful	o	Intimate	o	Rude
o	Ambitious	o	Easygoing	o	Joyful	o	Sarcastic
o	Appropriate	o	Efficient	o	Keen	o	Self-centered
o	Arrogant	o	Empathetic	o	Knowledgeable	o	Self-confident
o	Assertive	o	Encouraging	o	Lazy	o	Self-reliant
o	Astute	o	Energetic	o	Listener	o	Sense of Humor
o	Attentive	o	Enthusiastic	o	Lively	o	Sensual
o	Authentic	o	Ethical	o	Logical	o	Serves Others
o	Boorish	o	Expressive	o	Loving	o	Sincere
o	Bossy	o	Exuberant	o	Loyal	o	Skillful
o	Bravery	o	Facilitates	o	Malicious	o	Slovenly
o	Calm	o	Fair	o	Meticulous	o	Sneaky
o	Candid	o	Fairness	o	Networker	o	Spiritual
o	Capable	o	Faithful	o	Nurturing	o	Spontaneous
o	Charismatic	o	Fearless	o	Obnoxious	o	Stable
o	Charming	o	Finicky	o	Observant	o	Stingy
o	Collaborative	o	Flexible	o	Open-Minded	o	Strong
o	Committed	o	Friendly	o	Optimistic	o	Successful
o	Communicator	o	Generative	o	Organized	o	Sullen
o	Compassionate	o	Generosity	o	Patient	o	Supportive
o	Conceited	o	Gratitude	o	Peaceful	o	Surly
o	Confident	o	Gregarious	o	Persistent	o	Tactful
o	Connected	o	Happy	o	Picky	o	Thoughtless
o	Conscientious	o	Hard-Working	o	Planner	o	Trusting
o	Considerate	o	Helpful	o	Playful	o	Trusting
o	Consistent	o	Honest	o	Poised	o	Trustworthy
o	Cooperative	o	Honorable	o	Polite	o	Truthful
o	Courageous	o	Humble	o	Pompous	o	Unfriendly
o	Cowardly	o	Humorous	o	Powerful	o	Unruly
o	Creative	o	Imaginative	o	Pragmatic	o	Versatile
o	Cultured	o	Immaculate	o	Precise	o	Vibrant
o	Curious	o	Impartial	o	Proactive	o	Vulgar
o	Dedicated	o	Impulsive	o	Problem-Solver	o	Warm
o	Dependable	o	Independent	o	Productive	o	Wise
o	Determined	o	Inquiring	o	Punctual	o	Zealous

Name/Nicknames		Age/Birthday	Race
Height/Weight	Gender/Sexuality	Eyes	Hair color
Parents		Place of Birth	Species
Siblings		Class/Status	Education
Where they have lived		Schools Attended	
Clothes/Glasses/Scars		Spiritual Beliefs	
Occupation		Awards/Accomplishments	
Strongest personality characteristics		Favorite activities/Hobbies	
People they love		People they hate	
People they admire		Pets	Hobbies
Problems		Dreams and Ambitions	

	Important role in the story			

	Past experiences that shaped who they are		

Character Arc		Notes	

o	Accountable	o	Diplomatic	o	Innovative	o	Quarrelsome
o	Adaptable	o	Disciplined	o	Intelligent	o	Reliable
o	Adventurous	o	Discreet	o	Intentional	o	Resourceful
o	Affable	o	Dishonest	o	Interested	o	Responsible
o	Alert	o	Dutiful	o	Intimate	o	Rude
o	Ambitious	o	Easygoing	o	Joyful	o	Sarcastic
o	Appropriate	o	Efficient	o	Keen	o	Self-centered
o	Arrogant	o	Empathetic	o	Knowledgeable	o	Self-confident
o	Assertive	o	Encouraging	o	Lazy	o	Self-reliant
o	Astute	o	Energetic	o	Listener	o	Sense of Humor
o	Attentive	o	Enthusiastic	o	Lively	o	Sensual
o	Authentic	o	Ethical	o	Logical	o	Serves Others
o	Boorish	o	Expressive	o	Loving	o	Sincere
o	Bossy	o	Exuberant	o	Loyal	o	Skillful
o	Bravery	o	Facilitates	o	Malicious	o	Slovenly
o	Calm	o	Fair	o	Meticulous	o	Sneaky
o	Candid	o	Fairness	o	Networker	o	Spiritual
o	Capable	o	Faithful	o	Nurturing	o	Spontaneous
o	Charismatic	o	Fearless	o	Obnoxious	o	Stable
o	Charming	o	Finicky	o	Observant	o	Stingy
o	Collaborative	o	Flexible	o	Open-Minded	o	Strong
o	Committed	o	Friendly	o	Optimistic	o	Successful
o	Communicator	o	Generative	o	Organized	o	Sullen
o	Compassionate	o	Generosity	o	Patient	o	Supportive
o	Conceited	o	Gratitude	o	Peaceful	o	Surly
o	Confident	o	Gregarious	o	Persistent	o	Tactful
o	Connected	o	Happy	o	Picky	o	Thoughtless
o	Conscientious	o	Hard-Working	o	Planner	o	Trusting
o	Considerate	o	Helpful	o	Playful	o	Trusting
o	Consistent	o	Honest	o	Poised	o	Trustworthy
o	Cooperative	o	Honorable	o	Polite	o	Truthful
o	Courageous	o	Humble	o	Pompous	o	Unfriendly
o	Cowardly	o	Humorous	o	Powerful	o	Unruly
o	Creative	o	Imaginative	o	Pragmatic	o	Versatile
o	Cultured	o	Immaculate	o	Precise	o	Vibrant
o	Curious	o	Impartial	o	Proactive	o	Vulgar
o	Dedicated	o	Impulsive	o	Problem-Solver	o	Warm
o	Dependable	o	Independent	o	Productive	o	Wise
o	Determined	o	Inquiring	o	Punctual	o	Zealous

Name/Nicknames		Age/Birthday	Race
Height/Weight	Gender/Sexuality	Eyes	Hair color
Parents		Place of Birth	Species
Siblings		Class/Status	Education
Where they have lived		Schools Attended	
Clothes/Glasses/Scars		Spiritual Beliefs	
Occupation		Awards/Accomplishments	
Strongest personality characteristics		Favorite activities/Hobbies	
People they love		People they hate	
People they admire		Pets	Hobbies
Problems		Dreams and Ambitions	

Important role in the story	

Past experiences that shaped who they are	

Character Arc	*Notes*

o Accountable	o Diplomatic	o Innovative	o Quarrelsome
o Adaptable	o Disciplined	o Intelligent	o Reliable
o Adventurous	o Discreet	o Intentional	o Resourceful
o Affable	o Dishonest	o Interested	o Responsible
o Alert	o Dutiful	o Intimate	o Rude
o Ambitious	o Easygoing	o Joyful	o Sarcastic
o Appropriate	o Efficient	o Keen	o Self-centered
o Arrogant	o Empathetic	o Knowledgeable	o Self-confident
o Assertive	o Encouraging	o Lazy	o Self-reliant
o Astute	o Energetic	o Listener	o Sense of Humor
o Attentive	o Enthusiastic	o Lively	o Sensual
o Authentic	o Ethical	o Logical	o Serves Others
o Boorish	o Expressive	o Loving	o Sincere
o Bossy	o Exuberant	o Loyal	o Skillful
o Bravery	o Facilitates	o Malicious	o Slovenly
o Calm	o Fair	o Meticulous	o Sneaky
o Candid	o Fairness	o Networker	o Spiritual
o Capable	o Faithful	o Nurturing	o Spontaneous
o Charismatic	o Fearless	o Obnoxious	o Stable
o Charming	o Finicky	o Observant	o Stingy
o Collaborative	o Flexible	o Open-Minded	o Strong
o Committed	o Friendly	o Optimistic	o Successful
o Communicator	o Generative	o Organized	o Sullen
o Compassionate	o Generosity	o Patient	o Supportive
o Conceited	o Gratitude	o Peaceful	o Surly
o Confident	o Gregarious	o Persistent	o Tactful
o Connected	o Happy	o Picky	o Thoughtless
o Conscientious	o Hard-Working	o Planner	o Trusting
o Considerate	o Helpful	o Playful	o Trusting
o Consistent	o Honest	o Poised	o Trustworthy
o Cooperative	o Honorable	o Polite	o Truthful
o Courageous	o Humble	o Pompous	o Unfriendly
o Cowardly	o Humorous	o Powerful	o Unruly
o Creative	o Imaginative	o Pragmatic	o Versatile
o Cultured	o Immaculate	o Precise	o Vibrant
o Curious	o Impartial	o Proactive	o Vulgar
o Dedicated	o Impulsive	o Problem-Solver	o Warm
o Dependable	o Independent	o Productive	o Wise
o Determined	o Inquiring	o Punctual	o Zealous

Name/Nicknames		Age/Birthday	Race
Height/Weight	Gender/Sexuality	Eyes	Hair color
Parents		Place of Birth	Species
Siblings		Class/Status	Education

Where they have lived	Schools Attended
Clothes/Glasses/Scars	Spiritual Beliefs
Occupation	Awards/Accomplishments
Strongest personality characteristics	Favorite activities/Hobbies
People they love	People they hate

People they admire	Pets	Hobbies

Problems	Dreams and Ambitions

Important role in the story			

Past experiences that shaped who they are			

Character Arc		**Notes**	

o Accountable	o Diplomatic	o Innovative	o Quarrelsome
o Adaptable	o Disciplined	o Intelligent	o Reliable
o Adventurous	o Discreet	o Intentional	o Resourceful
o Affable	o Dishonest	o Interested	o Responsible
o Alert	o Dutiful	o Intimate	o Rude
o Ambitious	o Easygoing	o Joyful	o Sarcastic
o Appropriate	o Efficient	o Keen	o Self-centered
o Arrogant	o Empathetic	o Knowledgeable	o Self-confident
o Assertive	o Encouraging	o Lazy	o Self-reliant
o Astute	o Energetic	o Listener	o Sense of Humor
o Attentive	o Enthusiastic	o Lively	o Sensual
o Authentic	o Ethical	o Logical	o Serves Others
o Boorish	o Expressive	o Loving	o Sincere
o Bossy	o Exuberant	o Loyal	o Skillful
o Bravery	o Facilitates	o Malicious	o Slovenly
o Calm	o Fair	o Meticulous	o Sneaky
o Candid	o Fairness	o Networker	o Spiritual
o Capable	o Faithful	o Nurturing	o Spontaneous
o Charismatic	o Fearless	o Obnoxious	o Stable
o Charming	o Finicky	o Observant	o Stingy
o Collaborative	o Flexible	o Open-Minded	o Strong
o Committed	o Friendly	o Optimistic	o Successful
o Communicator	o Generative	o Organized	o Sullen
o Compassionate	o Generosity	o Patient	o Supportive
o Conceited	o Gratitude	o Peaceful	o Surly
o Confident	o Gregarious	o Persistent	o Tactful
o Connected	o Happy	o Picky	o Thoughtless
o Conscientious	o Hard-Working	o Planner	o Trusting
o Considerate	o Helpful	o Playful	o Trusting
o Consistent	o Honest	o Poised	o Trustworthy
o Cooperative	o Honorable	o Polite	o Truthful
o Courageous	o Humble	o Pompous	o Unfriendly
o Cowardly	o Humorous	o Powerful	o Unruly
o Creative	o Imaginative	o Pragmatic	o Versatile
o Cultured	o Immaculate	o Precise	o Vibrant
o Curious	o Impartial	o Proactive	o Vulgar
o Dedicated	o Impulsive	o Problem-Solver	o Warm
o Dependable	o Independent	o Productive	o Wise
o Determined	o Inquiring	o Punctual	o Zealous